Kardinal Reinhard Marx

Christ sein heißt politisch sein
Wilhelm Emmanuel von Ketteler für heute gelesen

Kardinal Reinhard Marx

Christ sein heißt politisch sein

Wilhelm Emmanuel von Ketteler
für heute gelesen

HERDER

FREIBURG · BASEL · WIEN

MIX
Papier aus verantwor-
tungsvollen Quellen
FSC® C106847

FSC
www.fsc.org

© Verlag Herder GmbH, Freiburg im Breisgau 2011
www.herder.de
Alle Rechte vorbehalten

Abbildung S. 14: Archiv Herder

Satz: Barbara Herrmann, Freiburg
Herstellung: fgb · freiburger graphische betriebe
www.fgb.de

Printed in Germany

ISBN 978-3-451-32428-4

Inhalt

Zur Einleitung:
Christ sein heißt politisch sein

Darf ein Bischof als »Sozialbischof« bezeichnet werden oder ist das eine unzulässige Verkürzung oder gar eine übertriebene Anmaßung? Dieses Attribut wird Wilhelm Emmanuel von Ketteler, anlässlich dessen 200. Geburtstags am 25. Dezember 2011 ich dieses Buch vorlege, immer wieder zugeordnet, und ich meine: zu Recht. Vornehmste Aufgabe eines Bischofs ist es, in seinem Bistum das Evangelium zu verkündigen und die Eucharistie zu feiern. Die Verkündigung der sozialen Botschaft und die soziale Praxis der Kirche sind aber Teil dieser Verkündigung, weil der Glaube sich auswirken muss im persönlichen und gesellschaftlichen Leben. Insofern darf sich der Bischof nicht beschränken auf die scheinbar »eigentlichen« theologischen Fragen, sondern hat auch die Themen der sozialen Gerechtigkeit und die Botschaft von der Befreiung und Würde des Menschen zu bezeugen.

Spiritualität und Weltverantwortung, Mystik und Politik gehören zusammen. Mystik ist keine Weltflucht und Politik keine Glaubensflucht. Vielmehr macht die wahre Frömmigkeit des Evangeliums hellwach für die Not des Nächsten und für Ungerechtigkeit und Unfrieden. Und ebenso gewinnt das politische und karitative Engagement der Kirche erst Tiefenwirkung, wenn es vom Quell echten Glaubens genährt wird. Um diese Wechselwirkung erkennen zu lassen, hilft eine Vergewisserung über das biblische Fundament.

Die Bibel verkündigt einen Gott, der sich ganz auf die Welt einlässt und sie gestalten will nach bestimmten ethischen Prinzipien, zu denen ganz zentral gehören: Recht und Gerechtigkeit, Güte und Erbarmen. Diese Vorstellung durchzieht wie ein roter Faden die ganze Bibel: In ihr begegnet uns ein Gott, der die Welt mit den Menschen, mit seinen Geschöpfen gemeinsam gestalten will. Er erteilt den Auftrag, den Garten Eden, die Erde, zu hegen und zu pflegen. Er schließt seinen Bund mit den Menschen und erneuert diesen Bund auf immer, auch nach dem Sündenfall. Gott befreit sein Volk Israel aus der Knechtschaft und beruft es, in einem ganz konkreten Land zu zeigen, dass es in gewisser Weise am Traum des Paradieses – und damit des richtigen und guten Lebens – festhält.

An diesem großen Auftrag ist das Volk Israel, und auch die Kirche, im Lauf der Geschichte immer wieder gescheitert, aber der Auftrag kann nicht einfach aufgegeben werden. Die Propheten des Alten Testaments, etwa Jesaja, ermahnen das Volk immer wieder, sich darauf zu besinnen und in allem politischen Handeln nie Gottes Bund und Auftrag zu vergessen. Denn: Gott vergisst sein Volk nicht, und Israel soll in all seinen konkreten sozialen Lebensbezügen sichtbares Zeichen der Güte und Gerechtigkeit Gottes sein. Für die Bibel gehören Orthodoxie und Orthopraxie untrennbar zusammen. Eine solche herausfordernde Zentrierung auf die Konsequenzen des Glaubens im konkreten Alltag jedes Einzelnen bis in die politische Dimension hinein zeichnet sowohl das Judentum als auch das Christentum aus.

Jesus von Nazareth steht in dieser biblischen Tradition und kann nur von ihr her verstanden werden. Beim ersten Auftreten Jesu in seinem Heimatort Nazareth reicht man ihm in der Synagoge das Buch des Propheten Jesaja. Er schlägt folgende Stelle auf: »Der Geist des Herrn ruht auf mir; denn der Herr hat mich gesalbt. Er hat mich gesandt, damit ich den Armen eine gute Nachricht bringe; damit ich den Gefangenen die Entlassung verkünde und den Blinden das Augenlicht; damit ich die Zerschlagenen in Freiheit setze und ein Gnadenjahr des Herrn ausrufe« (Lk 4, 18f.). Dann beginnt er, den Anwesenden zu bezeugen, dass sich mit seinem konkreten Wirken hier und jetzt dieses Schriftwort erfüllt hat. Es gibt kaum eine deutlichere Stelle, in der sich Jesus so in den Kontext der prophetischen Tradition stellt, und zwar hier in die Tradition des Propheten Jesaja, die bewusst die sozialen und politischen Aspekte der Gesellschaft einbezieht.

Die zentrale Achse der Verkündigung Jesu ist seine Botschaft vom Reich Gottes. Mit Jesu Wirken ist die Zeit erfüllt, das Reich Gottes ist nahe. Die Hoffnung auf das Reich Gottes war zur Zeit Jesu der Kern der Programme verschiedener jüdischer Gruppierungen, aber mit unterschiedlichen Perspektiven. So wollten etwa die Zeloten das Reich Gottes schaffen, indem sie eine politische Revolution in Gang bringen und so einen Gottesstaat verwirklichen. Eine andere Gruppierung, die Pharisäer, verstand das Reich Gottes hingegen als eine geistliche Größe, die in der strikten Befolgung aller Gesetze zum Ausdruck kommt. Beide jeweils einseitigen Botschaften lehnte Jesus ab. Er kehrte das Verständnis von Imperativ und Indikativ um: Nicht indem der Mensch die Gebote Gottes hält oder einen Gottesstaat schafft, kann das Heil erwirkt werden, sondern weil Gott den Menschen geschaffen hat, ihn liebt und ihn in Christus zum Leben befreit, kann der Mensch die Gebote überhaupt erst halten. Vor jedem »Du sollst tun« steht »Du bist geliebt«. Es geht nicht zunächst um die moralische Erfüllung aller Gebote, sondern mit der Annahme des Reiches Gottes ergibt sich eine Veränderung des Lebens, die sich im sozialen und politischen Bereich auswirkt. Das Reich Gottes ist im Wirken Jesu angebrochen, jetzt kannst du anders leben!

Das Reich Gottes ist letztlich reines, überwältigendes Geschenk, das den Menschen allerdings auch radikal verändert und neu orientiert. Mit der Entdeckung des Menschen, dass Gott in Jesus von

Nazareth an ihm handelt und ihm bereits die Zusage zum Leben gemacht hat, erfährt der Mensch, dass er die Welt in allen Dimensionen lebensdienlich gestalten kann. Die Jünger Jesu erfahren das immer wieder in Jesu Zuwendung zu den Kindern, den Armen und Ausgegrenzten. In der Gemeinschaft mit Jesus tut sich eine neue Lebenswirklichkeit auf, die ein neues Miteinander bewirkt. Die Verknüpfung von Gottes- und Nächstenliebe steht im Zentrum der Reich-Gottes-Verkündigung Jesu.

Das Volk, das Jesus sammelt, soll so sein Evangelium und die Konsequenzen daraus in allen Lebensbereichen praktizieren. Für die Kirche liegen die Herausforderungen auf der Hand. Sie ist in ihrer politischen und sozialen Verkündigung dem Programm Jesu verpflichtet. Weder eine Entpolitisierung der Botschaft Jesu mit der Konsequenz einer reinen Innerlichkeit noch die Verwirklichung eines Reiches im Sinne eines klerikalen Gottesstaates werden der Botschaft des Neuen Testaments gerecht. Der Auftrag, die Welt zu gestalten, gründet in der Frohen Botschaft vom Reich Gottes mitten in der Welt, die unvollkommen bleibt, und aus der Gestaltung der Welt verstehen wir seine Frohe Botschaft immer besser. Es ist eine wechselseitige Beziehung.

Seit ihrer Entstehung ist die Katholische Soziallehre maßgeblich von einem Spannungsfeld bestimmt. Es geht um die Unterscheidung von Sozial- und Individualethik und ihr wechselseitiges

Verhältnis, um die Reform von Zuständen und um die Reform von Gesinnungen. Sozialethik ist mit individueller Moral nicht einfach gleichzusetzen, man muss auch Strukturen und Institutionen schaffen, die den ethischen Grundoptionen der Bibel entsprechen. Beides ist wichtig: die tätige Hilfe für den Nächsten und die strukturelle Hilfe. Beides ist vom Evangelium her im Blick zu behalten. Das Gleichnis vom Barmherzigen Samariter (Lk 10, 25–37) appelliert im Grunde auch daran, dem unter die Räuber Gefallenen nicht nur zu helfen, sondern auch politisch dafür zu sorgen, dass die Wege von Jerusalem nach Jericho sicherer werden. Die tätige Nächstenliebe zielt auch auf strukturelle Fragen der Gerechtigkeit, die unter je neuen Bedingungen neu zu reflektieren und zu verändern sind. Im Gemeinsamen Wort »Für eine Zukunft in Solidarität und Gerechtigkeit« des Rates der Evangelischen Kirche in Deutschland und der Deutschen Bischofskonferenz heißt es dazu: »Ein weltloses Heil könnte nur eine heillose Welt zur Folge haben. Der Einsatz für Menschenwürde und Menschenrechte, für Gerechtigkeit und Solidarität ist für die Kirche konstitutiv und eine Verpflichtung, die aus ihrem Glauben an Gottes Solidarität mit den Menschen und aus ihrer Sendung, Zeichen und Werkzeug der Einheit und des Friedens in der Welt zu sein, erwächst« (101).

Unter dieser Anforderung stand auch schon Wilhelm Emmanuel von Ketteler. Er hat seine soziale Botschaft, sein soziales Handeln ja nicht einfach »erfunden«, sondern es war für ihn im christlichen Glauben begründet. Selbstverständlich war er geprägt von den besonderen Herausforderungen seiner Zeit, so wie wir vor den Aufgaben unserer Zeit stehen. Auch wenn in unserem Land die Situation mittlerweile eine andere ist, so sind doch Kettelers Themen global immer noch von Bedeutung.

Was wir an Ketteler aber jenseits des historischen Kontextes ablesen können, ist die Berufung für das Politische und für das Religiöse. In beidem leitete Ketteler das Ziel, dem Menschen zu dienen, und zwar gerade, weil der Mensch Ebenbild Gottes und zur ewigen Gemeinschaft mit ihm gerufen ist. An den menschenfreundlichen Gott zu glauben heißt, sich für eine menschenfreundliche Welt einzusetzen. Leib und Seele, irdisches Wohl und ewiges Heil sind nicht zu trennen, sondern aufeinander zu beziehen. Deshalb: Christ sein heißt politisch sein!

Glaube und Soziale Frage:

Wilhelm Emmanuel von Ketteler (1811–1877)

Der Name des 1811 in Münster geborenen Wilhelm Emmanuel von Ketteler begegnet uns auch 200 Jahre später noch sehr häufig. Nicht nur in Westfalen und im Bistum Mainz, sondern auch im übrigen deutschsprachigen Raum sind viele Straßen, Schulen, Bildungshäuser, Genossenschaften, Seniorenheime, Jugendeinrichtungen und ganze Wohnsiedlungen nach ihm benannt. Das hat gute Gründe, denn nicht nur in der Kirche, sondern auch in Politik, Staat und Gesellschaft des 19. Jahrhunderts spielte Ketteler eine zentrale Rolle.

In seiner Antrittsenzyklika »Deus caritas est« von 2005 nennt Papst Benedikt XVI. Ketteler einen der Wegbereiter der Katholischen Soziallehre. Besonders verehrt wurde Ketteler auch von dem seligen Johannes Paul II. Mehrfach in seinem Leben, auch schon vor seiner Wahl zum Papst im Oktober 1978, kam Karol Wojtyla nach Mainz. Und immer wieder war es ihm wichtig, bei diesen Besuchen am Grab Ketelers zu beten, der von 1850 bis zu seinem Tod im Jahr 1877 Mainzer Bischof war und in der Marienkapelle des dortigen Domes beigesetzt ist. Bei seiner ersten Deutschlandreise als Papst nannte Johannes Paul II. Bischof Ketteler einen

»großen Vorkämpfer und Apostel in der Sozialen Frage« des 19. Jahrhunderts.

Dem polnischen Papst war die Soziallehre der Kirche immer ein besonderes Anliegen; er hat drei Sozialenzykliken geschrieben, so viele wie keiner seiner Vorgänger. Als junger Student war er im von Nazi-Deutschland besetzten Polen zur Arbeit in einem Steinbruch und in einer Chemiefabrik gezwungen worden. Drei Jahre lang lernte er so die physischen und psychischen Lasten der einfachen, hart arbeitenden Menschen kennen. Deren Schicksal und Sorgen lagen ihm fortan ganz besonders am Herzen. Seine erste Sozialenzyklika »Laborem exercens« (1981) widmete er deshalb dem Thema der Würde der menschlichen Arbeit.

Zum »Arbeiterbischof« geboren?

Vergleichbare biographische Erfahrungen haben Wilhelm Emmanuel von Ketteler nicht zum »Arbeiterbischof« prädestiniert. Im Gegenteil: Er wurde am 25. Dezember 1811 als Spross eines alten westfälischen Adelsgeschlechtes geboren. Als sechstes von insgesamt neun Kindern des Freiherrn Friedrich von Ketteler und seiner Frau Clementine genoss er die Privilegien und Vorzüge, die eine adelige Herkunft im 19. Jahrhundert mit sich brachte. Seine ersten unbeschwerten Lebensjahre verlebte er auf Schloss Harkotten, dem Stammsitz der Kettelers nahe Warendorf. Dort wurde er von einem Hauslehrer unterrichtet und verbrachte seine Freizeit meist in der Natur. Der Ernst des Lebens begann für ihn jedoch bereits mit 13 Jahren, als seine Eltern den sehr lebhaften, nicht immer einfach zu bändigenden Jungen für vier Jahre auf das Jesuiten-Internat in Brig im Schweizer Kanton Wallis schickten. Zurück im Münsterland, machte er 1829 sein Abitur und begann danach zunächst in Göttingen ein Studium der Rechtswissenschaften. Weitere Studienorte waren Heidelberg, München und Berlin, wo er 1833 das Staatsexamen bestand. Nach der Referendarzeit am Oberlandesgericht in Münster und einem einjährigen Militärdienst trat Ketteler 1835 als Verwaltungsbeamter in den preußischen Staatsdienst ein, wo aufgrund seiner adeligen Herkunft, seiner fachlichen wie auch menschlichen Qualitäten eine glänzende Karriere von ihm zu erwarten war.

Wendepunkt

Dann aber kam es zu einem politischen Ereignis, das seinem Leben die entscheidende Wendung gab: Ende 1837 enthob die preußische Regierung den Erzbischof von Köln, Clemens August Droste zu Vischering, seines Amtes und setzte ihn in Haft. Der Grund hierfür war ein Streit über die sogenannte Mischehenfrage. Der preußische Staat hatte per Dekret verfügt, dass – zumindest wenn die Eltern sich nicht einigen konnten – Kinder aus konfessionsverschiedenen Ehen in dem Bekenntnis des Vaters erzogen werden sollten. Das aber stieß auf Widerspruch seitens der Katholiken, vor allem im Rheinland und in Westfalen. Diese Regionen waren erst durch die Beschlüsse des Wiener Kongresses 1815 zu preußischen Westprovinzen geworden, was in erheblichem Maße einen Zuzug von Soldaten und Beamten aus dem preußischen Kernland nach sich zog. Und diese zum ganz überwiegenden Teil evangelischen jungen Männer gingen natürlich auch in den katholischen Gegenden Westfalens und der Rheinprovinz auf Brautschau, was zu einer Vielzahl von Ehen zwischen Protestanten und Katholikinnen führte. Das preußische Gesetz aber hatte nun zur Konsequenz, dass die in diesen Mischehen geborenen Kinder grundsätzlich evangelisch werden sollten, was viele Katholiken als eine Art schleichende »Zwangsprotestantisierung« ihrer Heimat betrachteten.

Im Hintergrund dieses Streits stand aber noch mehr: Es ging um jenen grundsätzlichen Konflikt zwischen Staat und Kirche, durch den das ganze 19. Jahrhundert geprägt war. Die Kirche wollte auch im modernen Staat ihre beherrschende Stellung behalten und nicht zu einer zivilgesellschaftlichen Institution neben anderen degradiert werden. Der Staat hingegen beanspruchte für seine moderne Bürokratie eine Allzuständigkeit und wollte die überkommene Unabhängigkeit und Eigenständigkeit der Kirche brechen. Der Konflikt war bei diesen unterschiedlichen Interessenlagen in gewisser Weise vorprogrammiert.

Der Kölner Erzbischof Clemens August Droste zu Vischering hatte in dem Streit um die Behandlung der Mischehen angeordnet, dass seine Priester interkonfessionellen Eheschließungen nur dann noch ihren Segen geben sollten, wenn beide Elternteile erklärten, die aus der Ehe hervorgehenden Kinder sollten katholisch getauft werden. Damit kündigte der Erzbischof eine umstrittene Vereinbarung seines Vorgängers mit der preußischen Regierung und setzte wieder jene Praxis in Kraft, wie sie vom Papst und vom damaligen Kirchenrecht gefordert war. Gesellschaftliche Brisanz hatte diese Anordnung freilich aber auch dadurch, dass betroffenen Paaren seinerzeit nicht der Weg zum Standesamt offenstand. Die Zivilehe gab es in Preußen noch nicht, und wer nicht kirchlich heiraten durfte, konnte gar nicht heiraten. Die preußische Regierung aber schoss bei ihrer Reaktion weit über das Ziel hinaus, indem sie die fromme Haltung des Erzbischofs kurzerhand zu einer Art Putsch umdeutete, ihn wegen staatsfeindlicher Umtriebe anklagte und für eineinhalb Jahre auf der Festung Minden einsperrte. Dieser schwerwiegende Angriff auf die Religionsfreiheit und auf das Selbstverwaltungsrecht der Kirche führte nicht nur zu einem diplomatischen Konflikt zwischen dem Vatikan und Preußen, sondern sorgte auch im breiten katholischen Kirchenvolk für Empörung. Der katholische Volksteil, in Preußen eine Minderheit, fühlte sich – nicht zum ersten Mal – von der eigenen Regierung brüskiert und diskriminiert. Vor die Wahl gestellt, entweder dem Staat oder der Kirche gegenüber loyal zu sein, handelten die meisten Katholiken nach dem Apostelwort: »Man muss Gott mehr gehorchen als den Menschen« (Apg 5, 29).

Gott mehr gehorchen als den Menschen

Auch Wilhelm Emmanuel von Ketteler sah sich zu einer Entscheidung genötigt, bat zunächst um seine Beurlaubung und quittierte im Mai 1838 endgültig seinen Dienst als preußischer Beamter. Er wolle, so schrieb er an seinen Bruder Wilderich, »einem Staate, der Aufopferung meines [...] Gewissens fordert, nicht dienen« (SWB II/1, 12). Hier zeigte sich erstmals in aller Konsequenz ein Grundsatz, der fortan Kettelers ganzes Leben prägen sollte: Christ sein heißt auch politisch sein.

Ketteler verfügte seit dem Tod seines Vaters im Sommer 1832 über ein testamentarisch bestimmtes Einkommen, das ihm seine Existenz sicherte. Deswegen machte ihm das Ausscheiden aus dem Staatsdienst keine wirtschaftlichen Sorgen. Allerdings stellte sich für den 26-Jährigen nach der

Aufgabe seiner bisherigen Karrierepläne die Frage, welche Richtung er seinem Leben nun geben sollte. Es folgte eine fast dreijährige Phase der Suche und des inneren Ringens. Immer wieder beschäftigte er sich in dieser Zeit mit dem Gedanken, ins Priesterseminar einzutreten. Einerseits zweifelte er an seiner charakterlichen Eignung für den von ihm hoch geachteten geistlichen Stand, andererseits wusste er auch, dass der Priesterberuf den Verlust seines bequemen Lebens als adeliger Privatier bedeuten würde.

Im Frühjahr 1839 entschied er sich, nach München zu ziehen, um in der geistigen Metropole des damaligen deutschen Katholizismus Inspiration und Orientierung zu suchen. Hier fand er rasch Zugang zu dem Kreis um Joseph Görres, den Kopf der katholischen Erneuerungsbewegung. Die Begegnungen und Gespräche in dem Görres-Kreis, zu dem auch der Dichter Clemens Brentano und der Kirchenhistoriker Ignaz Döllinger gehörten, bestärkten Ketteler schließlich darin, zum Priesteramt berufen zu sein. Er studierte zunächst in Eichstätt, dann in München Theologie und kehrte im Herbst 1843 nach Münster zurück, wo er nach seiner pastoraltheologischen Ausbildung am 1. Juni 1844 zum Priester geweiht wurde.

Hilfe zum Leben

Seinem Wunsch nach einer Stelle in der Heimat wurde entsprochen, indem man ihn zunächst als Kaplan in Beckum im Kreis Warendorf einsetzte. Hier waren er und seine Mitbrüder, der Pfarrer und zwei weitere Kapläne, nicht nur für die Stadt mit ihren damals kaum mehr als 4000 Einwohnern, sondern auch für das Umland zuständig. Und bereits an dieser ersten priesterlichen Wirkungsstätte wurde deutlich, dass Ketteler es nicht bloß als seine Aufgabe ansah, sich um das Seelenheil der ihm anvertrauten Menschen zu kümmern, sondern auch um deren soziale Nöte. Sein Beruf sei es, so drückte er einmal sein priesterliches Selbstverständnis aus, »in der Kirche und in den Hütten der Armen und Kranken [...] für das Wohl der Menschen zu wirken« (SWB II/1, 331). Mit dem gleichen Eifer, mit dem er sich um die Verbreitung des Rosenkranzgebetes bemühte, versuchte er auch, den Notleidenden praktische Hilfe zu leisten. Mal redete er dem reichen Bauern ins Gewissen, seinem armen Nachbarn zu helfen, ein anderes mal organisierte er Möbel für eine arme Familie. Er sorgte dafür, dass die Kinder der reichen Bauern auch Pausenbrote für ihre armen Mitschüler mitbrachten und bewegte, indem er selbst zum Putzlappen griff, einmal einen Ehemann dazu, wenigstens so lange die Hausarbeit zu übernehmen, bis seine kranke Frau wieder gesund war.

Die 1899 veröffentlichte große Ketteler-Biographie von Otto Pfülf ist voll solcher kleiner Geschichten. Er erzählt etwa, dass der junge Kaplan einmal bei einem Spaziergang auf ein weinendes Kind traf. Es war hungrig und hatte gerade bei einem reichen Bauern um Brot gebettelt, war aber schnöde abgewiesen worden. Als Kaplan Ketteler das hörte, ging er schnurstracks zu dem betreffenden Bauernhaus. Dort hieß man den adeligen, geistlichen Herrn herzlich willkommen, bat ihn Platz zu nehmen und bot ihm Essen und Trinken an. Ketteler aber lehnte dankend ab und bat nur um ein Butterbrot, das man ihm etwas irritiert gab. Er, so erzählt der Biograph weiter, bedankte sich und sagte dann mit tiefem Ernst: »Ihr habt mich geehrt, weil ich Kaplan, weil ich Freiherr bin; das Butterbrot ist aber für ein armes Kind, für einen Gast, der höher steht als ich; denn: ›Was ihr dem Geringsten meiner Brüder tut‹, sagt Christus, ›das habt ihr mir selbst getan‹« (Pfülf I, 131).

Ketteler, der nur etwa zwei Jahre als Kaplan in Beckum wirkte, sammelte in dieser Zeit auch einen beträchtlichen Betrag, um die Errichtung eines Krankenhauses in der Stadt zu ermöglichen. Als es eröffnet wurde, war er selbst aber bereits weiter gezogen auf die Stelle des Pfarrers von Hopsten, einer Landgemeinde bei Rheine mit 2000 Seelen, darunter nur einige wenige wohlhabende Bauern und eine große Anzahl von armen Pächtern. Diese Menschen befanden sich in einer dramatischen

Notlage, als Ketteler Ende 1846 seine Pfarrstelle antrat. Die Jahre 1846/47 bescherten Deutschland die letzte große Agrar- und Hungerkrise. Zwei äußerst schlechte Getreideernten und die aus Frankreich eingeschleppte Kartoffelfäule verteuerten die beiden für die einfache Bevölkerung wichtigsten Grundnahrungsmittel dramatisch: Von 1844 bis zum Höhepunkt der Krise im Frühsommer 1847 hatten sich die Preise für Weizen und Roggen in etwa verdoppelt, der Kartoffelpreis war sogar um 130 Prozent gestiegen.

Wie in vielen anderen Regionen Deutschlands kam auch in Hopsten im Winter 1846/47 zu dem Hunger noch eine Typhusepidemie hinzu. Ohne Angst und Rücksicht auf seine eigene Gesundheit besuchte Pfarrer Ketteler die Kranken in ihren Häusern. »Da macht mir denn jetzt der Leib der mir Anvertrauten noch mehr zu schaffen wie die Seele, und es ist eine recht bittere Erfahrung, dabei so wenig helfen zu können« (SWB II/1, 255), stellte er ernüchtert fest. Dass er nur wenig Hilfe geleistet habe, kann man allerdings kaum sagen. Die wenigen Wohlhabenden seiner Pfarrei brachte er in einem Verein zur Armenfürsorge zusammen. Mit den Einnahmen dieses Vereins und der Hilfe, die er von seiner adeligen Verwandtschaft einforderte, gelang es ihm, genug Nahrungsmittel heranzuschaffen, um das Schlimmste zu verhindern.

Ketteler hat sich angesichts der existentiellen Sorgen seiner Pfarrkinder aber nicht in der Rolle eines Sozialarbeiters gesehen. Nein, er war durch und durch Priester und Seelsorger. Und trotz der großen materiellen Not, die er von Anfang an in seiner Hopstener Pfarrei vorfand, hat er sich sofort nach seinem Dienstantritt mit großem Elan an die christliche Erneuerung der nach seinem Empfinden in geistlicher Hinsicht sehr verwahrlosten Gemeinde gemacht. Neben Predigt und Katechese, versuchte er vor allem im eigenen Lebenswandel Vorbild zu sein. Der Biograph schreibt: »Dem Auge der Leute entging es nicht, dass er oft spät am Abend noch zum Gebet in die Kirche ging und dass sein Eifer fürs Gebet mit seiner Wohltätigkeit wetteiferte« (Pfülf I, 146). Das Vertrauen, das er sich durch sein soziales Engagement erwarb, half Ketteler, die Menschen auch für seine geistlichen Anliegen zu gewinnen. Und er sagte von sich selbst, als Bauernpastor in Hopsten habe er »das Höchste erreicht, was ich mir für die Stellung eines Menschen auf Erden von jeher erdenken konnte« (SWB II/1, 254). Aber wie bereits 1837 waren es politische Ereignisse, die seinem Leben eine entscheidende Wendung gaben und ihn aus der beschaulichen Existenz eines Landpfarrers herausrissen.

Politik und Kirche

Anfang 1848 kam es, ausgehend von der Februar-
revolution in Frankreich, zu Volkserhebungen in
ganz Europa. Mit Ausnahme von England und
Russland gingen in allen großen europäischen Ländern die Menschen auf die Barrikaden, um gegen
verknöcherte politische Strukturen zu protestieren.
Auch in Deutschland demonstrierten im März
1848 die Massen. Sie forderten politische Mitwir-
kungsrechte, Freiheitsgarantien, soziale Reformen
und nicht zuletzt die nationale Einheit Deutschlands, das damals in dutzende Teilstaaten zersplit-
tert war. Und zunächst einmal wichen die Fürsten
vor den Bürgern zurück. Sie beriefen liberale Minis-
ter in ihre Landesregierungen und unterstützten
das Vorhaben, eine gesamtdeutsche Nationalversammlung zu wählen, die eine Verfassung für ein
vereinigtes Deutschland erarbeiten sollte.

Überall in Deutschland wurden nun geeignete
Kandidaten für dieses gesamtdeutsche Parlament
gesucht. Das gestaltete sich nicht einfach: Da noch
nie zuvor allgemeine Wahlen stattgefunden hatten,
gab es keine Parteien und erst recht keine Berufs-
politiker. Also kandidierten meist regionale Hono-
ratioren, die alleine über einen für den Wahlerfolg
erforderlichen Bekanntheits- und Beliebtheitsgrad
verfügten. Gerade in ländlichen Regionen erfüllten
neben wenigen anderen die Geistlichen diese Krite-
rien. Auch Ketteler wurde zu einer Kandidatur im

Wahlkreis Tecklenburg/Warendorf gedrängt, zu der er sich nur widerwillig bereit erklärte. Er wurde mit klarer Mehrheit gewählt. Schweren Herzens verließ er seine Gemeinde und brach nach Frankfurt auf, wo das Parlament ab dem 18. Mai 1848 in der Paulskirche tagte.

Dort angekommen, ließ sich Ketteler zunächst von der nationalen und liberalen Aufbruchstimmung mitreißen und trug bei der Parlamentseröffnung an seinem Priesterhut eine schwarz-rot-goldene Kokarde. Entschlossen, die Erstarrungen und Verknöcherungen des überkommenen Obrigkeitsstaates konsequent aufzubrechen und der Sache der Freiheit zu dienen, gesellte sich Ketteler zu der äußersten Linken im Parlament. Dort hielt er es, wie er selbst notierte, aber nur drei Tage aus. Entsetzt von dem politischen Radikalismus und insbesondere der Kirchenfeindlichkeit vieler Radikalliberaler, zog er auf einen Platz im rechten Zentrum der Paulskirche um. Da er keine Parteiinteressen vertreten wollte, sondern sich als Abgeordneter aller Christen verstand, blieb er fraktionslos. Er schloss sich aber dem »Katholischen Club« an, einem Zusammenschluss katholischer Abgeordneter aus verschiedenen Fraktionen, die das Ziel einte, die religiösen Freiheiten und das Selbstbestimmungsrecht der Kirche in der Verfassung zu garantieren.

Als fraktionsloser Abgeordneter blieb Ketteler in der Paulskirche das, was man auch heute noch einen »Hinterbänkler« nennt. Aus seinen Akten und Notizen ist zwar zu erkennen, dass er sein Mandat mit großer Ernsthaftigkeit wahrgenommen hat. Aber nur einmal hat er in der parlamentarischen Debatte das Wort ergriffen, und zwar mit einer Rede zur Schulfrage. Es gab Streit zwischen denen, die die überkommene kirchliche Schulaufsicht verteidigten und denen, die das gesamte Schulwesen unter Kuratel des Staates stellen wollten. Ketteler versuchte mit seinem Debattenbeitrag die ideologischen Fronten aufzubrechen, indem er auf das Elternrecht abstellte. Die Eltern alleine sollten über den Inhalt von Erziehung und Bildung ihrer Kinder bestimmen dürfen.

Eine entscheidende Leichenrede

Aber nicht seine parlamentarische Arbeit sorgte dafür, dass der Abgeordnete Ketteler plötzlich allgemeine Bekanntheit erlangte. Während er am 18. September 1848 seine einzige Parlamentsrede hielt, kam es auf den Frankfurter Straßen zu Demonstrationen und Ausschreitungen gegen die Nationalversammlung. Als die Unruhen eskalierten, wurden zwei Paulskirchen-Abgeordnete brutal ermordet: der hoch angesehene General Hans von Auerswald, der an den Befreiungskriegen teilgenommen hatte, und Fürst Felix von Lichnowsky.

28

Ketteler, der gerufen wurde, um den grauenhaft zugerichteten Leichnam Lichnowskys zu segnen, war durch diese Untat tief erschüttert. Ihm fiel es zu, bei der Trauerfeier für die Ermordeten die Leichenrede zu halten.

In seiner Ansprache fragte er nach den Ursachen für den Mord an zweien, die »es gewagt haben, auf der ersten deutschen Volksversammlung nach ihrem besten Gewissen und Erkennen zu reden und zu stimmen«. Die eigentlichen Mörder, so sagte er, seien nicht diejenigen, »die ihnen die Kugeln durch die Brust geschossen, die mit der Sense ihnen die Schädel gespalten« hatten. Jene Demagogen vielmehr seien die Hauptschuldigen, die das Volk verführten, »jene Männer, die dahin streben, im Volke den Glauben an den allmächtigen Gott zu vertilgen; [...] es sind jene Männer, welche den Umsturz nicht nur als eine traurige Notwendigkeit unter besonderen Umständen anerkennen, sondern welche den Umsturz zum Prinzip erheben und das Volk von Umsturz zu Umsturz hinreißen« (SWB I/1, 14).

Kettelers Leichenrede machte auf die Zuhörer einen gewaltigen Eindruck. Sie wurde sofort gedruckt und in ganz Deutschland verbreitet. Gleichsam über Nacht war aus dem westfälischen »Bauernpastor« eine nationale Berühmtheit geworden. Aufmerksamkeit war ihm deshalb sicher, als er zwei Wochen später beim ersten deutschen Katholikentag in Mainz auftrat und in einer kurzen

Stegreifrede die Kirche und die Gläubigen auffor-
derte, sich mit aller Entschiedenheit der Lösung
der Sozialen Frage zuzuwenden.

Die Soziale Frage

Ketelers Auftritt hatte in Mainz so beeindruckt,
dass der dortige Dompfarrer ihn einlud, die Adventspredigten des Jahres 1848 zu halten. Ketteler
nahm die Einladung an und griff in seinen Predig-
ten abermals das Thema der Sozialen Frage auf.
Deren Ursache sah er vor allem in der Abkehr
von christlichen Tugenden wie der Nächstenliebe
und in einem darin begründeten falschen Verständnis vom Privateigentum. Scharf kritisierte er
den Egoismus vieler Besitzender und deren Kalt-
herzigkeit gegenüber der Not der Armen, insbesondere auch der Arbeiter in den neu entstehen-
den Fabriken. Anders als Karl Marx und Friedrich
Engels in ihrem einige Monate zuvor erschienenen Kommunistischen Manifest forderte Ketteler
jedoch keineswegs die Abschaffung des Privateigentums. Sondern er betonte schon damals das,
was hundert Jahre später in das deutsche Grundgesetz geschrieben wurde: Eigentum verpflichtet.
Sein Gebrauch soll zugleich dem Wohle der Allgemeinheit dienen.

Bischof in Umbruchszeiten

Im Januar 1849, nachdem die Beratungen über den Grundrechtekatalog, die Kirchen- und Schulartikel der neuen Verfassung weitgehend abgeschlossen waren, legte Ketteler nicht ohne Ernüchterung sein Mandat als Abgeordneter nieder und kehrte in seine Pfarrgemeinde in Hopsten zurück. Aber seine Tage als Pfarrer waren gezählt. Durch seine Abgeordnetentätigkeit und seine öffentlichen Auftritte hatte er sich für höhere Ämter empfohlen. Verschiedene deutsche Bischöfe und preußische Beamte sorgten gemeinsam für seine Berufung an die Spitze der politisch bedeutendsten und zugleich schwierigsten Pfarrei in Preußen: Ketteler wurde zum Propst von Berlin und Fürstbischöflichen Delegaten für die Mark Brandenburg und Pommern berufen (einen Berliner Erzbischof gab es damals noch nicht). Er trat das neue Amt im August 1849 an, und schnell machte er deutlich, dass er auch in der preußischen Hauptstadt nicht gewillt war, politischen Konflikten aus dem Weg zu gehen. Nicht zuletzt zur Demonstration katholischen Selbstbewusstseins initiierte er die erste Berliner Fronleichnamsprozession, an der mehr als tausend Gläubige teilnahmen.

Wenige Monate nach dem Amtsantritt in Berlin wurde abermals ein deutscher Geistlicher für eine heikle Aufgabe gesucht. Der Mainzer Bischofsstuhl war seit Ende 1848 verwaist, und um die Neubesetzung hatte es heftigen Streit im Mainzer Domkapitel und der ganzen Diözese gegeben. Nun wurde ein Mann gesucht, der die Wogen zu glätten vermochte und zugleich das Format hatte, das in religiöser Hinsicht ziemlich danieder liegende Bistum zu erneuern. Wiederum fiel die Wahl auf Ketteler, der nur auf ausdrücklichen Wunsch von Papst Pius IX. seine gerade aufgenommene Arbeit in Berlin niederlegte und nach Mainz ging, wo er am 25. Juli 1850 zum Bischof geweiht wurde.

Auch in Mainz war die politische Situation für die katholische Kirche schwierig. Mainz war im Zuge der Revolutionskriege 1797 von französischen Truppen besetzt und annektiert worden. In der Folge war das kirchliche Leben radikal unterdrückt worden. Gottesdienste wurden überwacht, Prozessionen und Wallfahrten verboten. Kirchliche Schulen wurden aufgelöst, das Vermögen der Kirche weitgehend enteignet, viele Klöster und Orden wurden aufgehoben. Diese kirchenfeindliche Politik war ein prägendes Moment der Französischen Revolution. Hier liegt übrigens auch der Grund dafür, dass sich in Europa das Verhältnis der Kirche zu den neuzeitlichen politischen Freiheitsbewegungen lange Zeit so schwierig gestaltet hat. In der Amerikanischen Revolution hat es keine vergleichbaren Maßnahmen gegen die Kirche gegeben, wurden Liberalisierung und Demokratisierung nicht mit Säkularisierung gleichgesetzt.

Deshalb konnte die Kirche in den USA mit Demokratie und Menschenrechten von Anfang an gut leben. In der Französischen Revolution dagegen wurde die propagierte Freiheit vielfach in Gegensatz zur Kirche gestellt, wie allerdings auch umgekehrt die Kirche die neue Bewegung nur als Bedrohung und Gefahr wahrnahm.

Die staatlichen Maßnahmen hatten das kirchliche Leben in Mainz weitgehend zum Erliegen gebracht. Die Befreiung von den französischen Besatzern brachte den Mainzern und ihrer Kirche aber nicht die tatsächliche Freiheit, sondern nur eine andere, zwar mildere, aber selbst gemachte Form der Unterdrückung. Es war die Zeit der Restauration, in der die Allmacht des Obrigkeitsstaates über Mensch und Gesellschaft wiederhergestellt werden sollte. Wie in anderen Staaten, so wurde damals auch im Großherzogtum Hessen-Darmstadt das Selbstverwaltungsrecht der Kirche bestritten und versucht, eine weitgehende staatliche Aufsicht und Herrschaft über die kirchlichen Angelegenheiten zu erzwingen. So wurden das bischöfliche Gymnasium und das Priesterseminar in Mainz geschlossen und die Seminaristen zum Studium an der staatlichen Theologischen Fakultät in Gießen verpflichtet, wo die Professoren sich mehr der großherzoglichen Regierung als ihrer Kirche verpflichtet fühlten.

Dass Ketteler nicht gewillt war, als Bischof diese staatlichen Eingriffe in das kirchliche Leben zu akzeptieren, machte er bereits deutlich, als er zwei Tage vor seiner Weihe den Amtseid vor dem Großherzog ablegte, in dem er seinem Landesherrn und den Gesetzen des Staates Gehorsam und Treue versprechen sollte. Um von vornherein keine Zweifel an seiner Position aufkommen zu lassen, wandelte er die traditionelle Eidesformel ab und endete mit den Worten: »Dagegen vertraue ich zu Euer Königlichen Hoheit christlichen Gesinnung, dass Allerhöchstderen Wille oder Allerhöchstderen Gesetze nichts von mir verlangen werden, was den Gesetzen Gottes und der göttlichen Ordnung seiner Kirche entgegen steht, denn in diesem Falle würde ich allerdings sprechen müssen: das ist mir nicht erlaubt« (SWB I/5, 353).

Geistliche Erneuerung

Bischof Ketteler war der festen Überzeugung, dass er die geistliche Erneuerung seines Bistums nur erreichen würde, wenn er damit bei der Ausbildung jener anfinge, die er später als Priester zu den Menschen in die Gemeinden senden wollte. Deshalb setzte er sich über das staatliche Verbot hinweg und eröffnete 1851 das Priesterseminar in Mainz wieder als volle theologische Lehranstalt. Die Landesregierung wollte keinen Konflikt mit dem neuen, als wortgewaltig und streitbar bekannten Bischof und ließ ihn gewähren. Die Reform der Priesterausbildung war aber nur die erste von zahllosen Maßnahmen, die er ergriff, um das christliche und das kirchliche Leben in seinem Sprengel zu revitalisieren. Er ließ zahlreiche Volksmissionen durchführen, kümmerte sich um die Wiederansiedlung von Orden, ließ fromme Bruderschaften und christliche Vereine gründen, Schulen und Waisenhäuser errichten.

Das auskömmliche Verhältnis mit seiner eigenen Landesregierung, das Ketteler durch eine Kombination von entschlossenem Auftreten und diplomatischem Geschick erreicht hatte, war nicht allen Bischöfen beschieden. Namentlich der Metropolit der oberrheinischen Kirchenprovinz, zu der auch Mainz gehörte, der Freiburger Erzbischof Hermann von Vicari, hatte es mit einer äußerst kämpferischen Landesregierung zu tun. Diese schreckte nicht davor zurück, dem 81-Jährigen die Ausübung des Bischofsamtes zu untersagen und ihn unter Hausarrest zu stellen, als er 1853 ankündigte, bei der Besetzung von kirchlichen Stellen, in Fragen der Priesterausbildung und der Verwendung des kirchlichen Vermögens keine staatliche Einmischung und Bevormundung mehr zu dulden.

Nachdem es Bischof Ketteler nicht gelungen war, in dem Konflikt zu vermitteln, wählte er den Weg in die Öffentlichkeit und publizierte seine Broschüre »Das Recht und der Rechtsschutz der katholischen Kirche«, in der er die jeder Rechtsstaatlichkeit widersprechenden Willkürmaßnah-

men der Behörden gegenüber der Kirche offenleg-
te. Es war der Beginn eines lebenslangen politischen Kampfes für die Freiheit der Kirche, dessen
publizistischer Höhepunkt fraglos seine 1862 er-
schienene Schrift »Freiheit, Autorität und Kirche«
war. Dieses Buch wurde in viele Sprachen übersetzt und machte Kettelers Namen weit über die
Grenzen Deutschlands hinaus bekannt.

Ein streitbarer Zeitgenosse

Auch in innerkirchlichen Debatten ging Ketteler
Auseinandersetzungen nicht aus dem Weg. Auf
dem Ersten Vatikanischen Konzil (1869/70) war
er einer der führenden Köpfe einer Minderheit
von 140 der 700 Konzilsväter, die sich gegen die
Dogmatisierung der Unfehlbarkeit des Papstes
einsetzten. Der Primat des Papstes stand für Ketteler fest, aber er hielt die Frage der Unfehlbarkeit
für theologisch noch zu wenig erörtert, um sie ab-
schließend zu definieren. Außerdem betrachtete
er auch diese hochtheologische Frage mit politischen Augen und sah die Gefahr einer Provoka-
tion und Stärkung der antiklerikalen Kräfte in der
gesellschaftlichen Auseinandersetzung.

Nicht zuletzt mit Blick auf Deutschland bewahr-
heiteten sich Kettelers politische Bedenken sehr
schnell. Die Auseinandersetzungen zwischen Kirche und Staat eskalierten in dem Kulturkampf, in

dem die preußische Regierung und die Reichs-
regierung unter Fürst Otto von Bismarck einen
regelrechten Weltanschauungskampf gegen die katholische Kirche führten. Auch in Mainz wurde
durch die Kulturkampfmaßnahmen manches zu-
nichte gemacht, was Bischof Ketteler über Jahre
aufgebaut hatte. Er selbst wurde mehrfach unter
fadenscheinigen Gründen vor Gericht gezerrt und
musste sogar anlässlich seines Silbernen Bischofs-
jubiläums 1875 Schikanen über sich ergehen lassen. Gymnasiasten, die dem Bischof ohne Geneh-
migung der Schulbehörde öffentlich zu seinem
Jubiläum gratuliert hatten, wurden mit einem
Schulausschluss belegt, und über Münsteraner
Stadträte, die Glückwunschschreiben geschickt hatten, wurden vom Regierungspräsidenten Diszipli-
narstrafen verhängt. Der Bischof, der gegen diese
Willkürakte protestiert hatte, wurde zu einer Geld-
strafe verurteilt. Es war jedoch ein Trost für Ketteler
zu erfahren, dass sich die Gläubigen immer enger
um ihre bedrängte Kirche scharten. Das 1878 ein-
geläutete Ende des Kulturkampfes erlebte er allerdings nicht mehr. Er erkrankte auf seiner Rückreise
von einem Rombesuch anlässlich des Goldenen Bi-
schofsjubiläums von Papst Pius IX. und starb am
13. Juli 1877 im Kapuzinerkloster Burghausen.

Kann der Markt sozial sein?

Trotz der enormen kirchenpolitischen Herausforderungen hat Ketteler auch als Bischof seine politischen Aktivitäten keineswegs allein auf das Staat-Kirche-Verhältnis gerichtet. Der zweite Schwerpunkt auch seines publizistischen Interesses blieb weiterhin die Soziale Frage. Früher als andere in Kirche und Gesellschaft erkannte er, dass Industrialisierung und Wettbewerbswirtschaft zu ganz neuen, bisher unbekannten sozialen Herausforderungen führten. 1864 legte er mit seinem Buch »Die Arbeiterfrage und das Christentum« eine fulminante Kapitalismuskritik vor. Ausgehend von den sozialwissenschaftlichen Theorien seiner Zeit, formulierte er hier eine glasklare Analyse und messerscharfe Kritik der damaligen sozioökonomischen Verhältnisse. Im Zuge der Industrialisierung sei die Arbeitskraft den Marktgesetzen unterworfen worden und zur bloßen Ware herabgesunken. Die Arbeiter seien der Übermacht des Kapitals schutzlos ausgeliefert, wodurch ihre Löhne auf das absolute Existenzminimum zusammengeschrumpft seien. Sein vernichtendes Urteil: »Das ist der Sklavenmarkt unseres liberalen Europas« (SWB I/1, 380). Mit solchen unmissverständlichen Ansagen versuchte er die alten und die aufstrebenden neuen Eliten aus ihrer Behäbigkeit und Gleichgültigkeit gegenüber den Nöten der Arbeiterschaft herauszureißen.

Ketteler begnügte sich nicht mit der bloßen Kritik der sozialen Verhältnisse, sondern nahm auch aktiv an der gesellschaftlichen Debatte über mögliche politische Lösungen teil. Anfang der sechziger Jahre des 19. Jahrhunderts war die Genossenschaftsidee sehr populär. Sowohl Liberale wie Hermann Schulze-Delitzsch als auch Sozialisten wie Ferdinand Lassalle propagierten Genossenschaften als Instrumente zur Lösung der Sozialen Frage. Ketteler griff diese Idee auf, grenzte sich mit seinen eigenen Vorschlägen aber sowohl von dem Liberalen als auch von dem Sozialisten ab. Anders als Schulze-Delitzsch und gemeinsam mit Lassalle glaubte er, dass nur Produktivgenossenschaften der Masse der Arbeiter helfen könnten. Aber anders als Lassalle wollte Ketteler diese Genossenschaften nicht durch den Staat bzw. Steuergelder finanzieren lassen, sondern er hoffte auf die christliche Nächstenliebe und die Spendenbereitschaft der Begüterten für solche Projekte.

Manchem wird es heute naiv erscheinen, so große Hoffnungen in die Genossenschaftsidee zu legen und so großen Optimismus hinsichtlich der Hilfsbereitschaft der Menschen zu hegen. Ketteler hat sich auf der Höhe der sozialwissenschaftlichen Diskurse seiner Zeit als Christ und als Bischof an den politischen Debatten über die Arbeiterfrage beteiligt. Wie schon als Kaplan in Beckum verfolgte er dabei das Ziel, den Gedanken der christlichen Nächstenliebe angesichts der konkreten sozialen

Herausforderungen zu verwirklichen. Dabei ist er immer aufmerksam und lernbereit geblieben. Und mit dieser Haltung kann er auch uns heute noch ein Vorbild sein.

Schnell merkte Ketteler, dass er das Potential der Genossenschaften überschätzt hatte. Und er erkannte zunehmend auch die positiven Seiten des neuen Systems der Marktwirtschaft, das in bislang ungekanntem Maße Wirtschaftswachstum und Wohlstand produzierte, wenn auch zunächst noch nicht zum Vorteil aller. Er strebte deshalb nicht mehr eine Totalreform, sondern eine Sozialreform an. Es gehe nicht darum, so sagte er 1869 in einem Referat vor der Fuldaer Bischofskonferenz, das ganze System umzustoßen, sondern »es zu mildern, für alle einzelnen schlimmen Folgen desselben die entsprechenden Heilmittel zu suchen und auch die Arbeiter, soweit möglich, an dem, was an dem System gut ist, an dessen Segnungen Anteil nehmen zu lassen« (SWB I/2, 438).

Heute formulieren wir das so: Es geht darum, durch Ordnungspolitik und Sozialpolitik dem Marktgeschehen einen Rahmen zu geben, der einen fairen Wettbewerb garantiert und jedem eine menschenwürdige Existenz innerhalb der Gesellschaft ermöglicht. Der Realisierung dieses Ideals sind wir in Deutschland durch die Etablierung der Sozialen Marktwirtschaft nach dem Zweiten Weltkrieg einen großen Schritt näher gekommen. Aber immer noch und immer wieder gibt es

Herausforderungen der sozialen Gerechtigkeit, denen auch wir Christen uns stellen müssen.

Die Soziale Frage berührt den Glauben

Denn, wie Bischof Ketteler es treffend formuliert hat, »die Soziale Frage berührt das depositum fidei« (SWB I/2, 435), also das Zentrum des Glaubens! Immer wenn die Würde des Menschen gefährdet ist, dürfen wir Christen, die wir glauben, dass Gott selbst in Jesus Christus Mensch geworden ist, nicht wegsehen, dürfen wir nicht schweigen. Natürlich sind die Probleme heute andere als noch im 19. Jahrhundert. In Deutschland ist niemand mehr völlig schutzlos der Willkür seines Arbeitgebers ausgeliefert oder steht im Falle von Krankheit völlig hilf- und mittellos da, global allerdings sind Kettelers Themen auch heute noch bedeutsam.

Papst Benedikt XVI. hat in »Caritas in veritate« noch einmal unterstrichen, dass es eine wirkliche, ganzheitliche Entwicklung der Völker und aller Menschen nur geben kann, wenn auch der Mensch in all seinen Dimensionen im Blick bleibt. Es geht um eine ganzheitliche Entwicklung, es geht um das Leben des Menschen insgesamt. Nur wo eine positiv annehmende Haltung dem Leben gegenüber da ist, werden auch die Kräfte mobilisiert, das zu tun, was dem Menschen und seinem

Leben dient. Denn der Mensch ist, wie es »Gaudium et spes«, die Pastoralkonstitution des Zweiten Vatikanischen Konzils über die Kirche in der Welt von heute, formuliert, Dreh- und Angelpunkt und der zentrale sozialethische Maßstab für alles politische und wirtschaftliche Handeln.

Aber auch in unserer Gesellschaft wird nach wie vor die Würde von Menschen verletzt: Etwa wenn Menschen in geringfügig entlohnten Beschäftigungsverhältnissen oder in Leiharbeit verharren und auf Dauer nicht in der Lage sind, ihren Lebensunterhalt selbständig zu erwirtschaften und dadurch eine Grundlage für eine freie und verantwortliche Lebensführung für sich selbst und ihre Familie zu schaffen. Damit ist für viele auch die Möglichkeit zur gesellschaftlichen Teilhabe eingeschränkt, die jedoch in Freiheit und Verantwortung möglich sein muss. Denn Freiheit ist Geschenk und Aufgabe des Schöpfers an den Menschen und Ausdruck der Gottebenbildlichkeit. Die Menschenwürde wird überall da verletzt, wo das Leben nicht unbedingt geschützt ist. Dazu gehören, neben der selbstverständlichen Forderung nach dem Schutz des Lebens in allen Phasen, etwa auch die Fragen der Bioethik, der sozialen Kommunikationsmittel, der Energieproblematik wie auch letztlich die Gestaltung der Globalisierung selbst, dann wenn alles nur zu einem technischen Problem erklärt wird und die moralische Herausforderung beiseitegeschoben wird.

Im Zentrum aller Bemühungen muss die Sorge um den Menschen stehen. Auf die Herausforderungen unserer Zeit Antworten zu finden, kann immer nur vom Menschen her gelingen. Ich glaube, dass die Gedanken Bischof Kettelers uns inspirieren können bei der Suche nach Antworten auf die alten und neuen Sozialen Fragen unserer Tage.

Wilhelm Emmanuel von Ketteler
für heute gelesen

Freiheit und Soziale Frage

Durch seine Grabrede zu Ehren der ermordeten Paulskirchen-Abgeordneten Lichnowsky und Auerswald wurde Wilhelm Emmanuel von Ketteler im Herbst 1848 national bekannt. Kurz darauf war er als Abgeordneter zur ersten Generalversammlung des Katholischen Vereins Deutschlands, dem ersten Katholikentag, eingeladen. Dort hielt er am 4. Oktober 1848 eine kurze Rede, zu der er von der Versammlung spontan aufgefordert worden war. Ich habe diese Rede, die insgesamt nicht viel länger ist als der folgende Ausschnitt, als ersten Text ausgewählt, weil bereits zu diesem frühen Zeitpunkt des öffentlichen Auftretens Kettelers die beiden großen Lebensthemen seines politischen und publizistischen Wirkens zur Sprache kommen: Freiheit und Soziale Frage.

Ketteler dachte zeitlebens über die Rolle des Christentums und der Kirche in einer sich modernisierenden Gesellschaft und in einem liberalen Staat nach. Wegen der Angriffe auf die Kirche und der Verfolgungen von Priestern und Ordensleuten während der Französischen Revolution waren viele Katholiken lange Zeit skeptisch und abwehrend ge-

44

genüber demokratischen und liberalen Bestrebungen. Ketteler allerdings war diese Art der Fundamentalopposition zu einfach. Früher als andere erkannte er, dass die Gedanken der Freiheit, auch der Menschenrechte, der fundamentalen Gleichheit aller Menschen und der demokratischen Partizipation ihre tiefste kulturelle Wurzel im biblischen Menschenbild haben. Damit möchte ich nicht unbedingt sagen, Ketteler sei ein Liberaler oder gar ein Demokrat gewesen. Auch das würde der Komplexität der historischen Persönlichkeit Kettelers wohl nicht gerecht. Aber er war der tiefen Überzeugung, dass die Kirche und die Christen die Freiheit nicht fürchten müssen. Zugleich war ihm bewusst, dass Freiheit auch immer Risiken mit sich bringt. Menschen können sich frei für das Gute entscheiden und tun das auch immer wieder. Aber Menschen können sich auch frei für das Böse entscheiden; auch das passiert leider immer wieder. Die Religion bedarf der Freiheit, das war seine ehrliche Überzeugung. Aber damit die Freiheit nicht auf Abwege gerät, hat er immer wieder betont, dass die Freiheit auch der Religion bedarf.

Ketteler erkannte auch früh die Brisanz und politische Sprengkraft der Sozialen Frage, die sich im 19. Jahrhundert im Zuge der Industrialisierung und der Einführung der Wettbewerbswirtschaft ergab. Hierbei ging es nicht nur um die materielle Armut vieler Fabrikarbeiter. Armut weiter Bevölkerungskreise war im Europa der frühen

Neuzeit eine Dauererscheinung und keineswegs eine Folge von Industrialisierung und Kapitalismus. Was aber neu war, das war der Zerfall der ganzen Gesellschaft in zwei Klassen, die nicht nur durch ihre entgegen gesetzten wirtschaftlichen Interessen, sondern ihre ganze Lebenswelt voneinander getrennt waren. Mit Händen greifbar war das in den Arbeitersiedlungen der rasch wachsenden Fabrikstädte, wo die ehemals Orientierung gebenden Institutionen – Familie, Gemeinde und Kirche – gar nicht mehr oder nur noch rudimentär wirksam waren.

Die Frage nach der Freiheit und die Frage nach der sozialen Gerechtigkeit beschäftigen auch mich nun schon seit vielen Jahren. Und bei meinem Nachdenken darüber hat mich auch die Lektüre der Texte Wilhelm Emmanuel von Kettelers immer wieder inspiriert. Ich halte die Frage nach der Freiheit für eine ganz zentrale gesellschaftliche Frage, und ebenso ist sie eine zentrale Frage des Glaubens und der Theologie, die das christliche Menschenbild maßgeblich auszeichnet: Gott hat den Menschen aus freiem Entschluss geschaffen und ihn zur Freiheit befähigt! Auch deshalb habe ich mich als Bischof für den Wahlspruch entschieden: »Ubi spiritus Domini ibi libertas.« – »Wo der Geist des Herrn wirkt, da ist Freiheit« (2 Kor 3, 17).

REDE AUF DEM ERSTEN KATHOLIKEN-TAG 1848

Das ist die notwendige Folge der Freiheit; sie kann zwar Schreckliches bringen; aber sie bringt auch die höchsten Güter der Menschheit. Die Religion hat die Freiheit nicht zu fürchten; sie wird vielmehr durch dieselbe in ihrem wahren Glanz wieder erscheinen. Zwar wird ihr dadurch der Schutz der Menschen entzogen, der Schutz des Staates und der Polizei; aber das ist nicht der Schutz, der ihr verheißen worden; sie hat göttlichen Schutz, und zwar einen umso größeren, je mehr der menschliche Schutz ihr fehlt. Die Religion kann sich nur freuen über die Freiheit, denn dann wird sie sich in ihrer ganzen Kraft und Wahrheit entfalten und der Irrtum wird zusammenfallen, sobald man ihm das Gängelband der weltlichen Gewalt entzieht. Aber wie die Religion der Freiheit bedarf, so bedarf auch die Freiheit der Religion. Wer die Lage der Gegenwart ernst geprüft hat, der muss sich gestehen: Wenn das Volk zur Religion nicht zurückkehrt, dann kann es keine Freiheit ertragen; nur die Kirche, das Christentum befähigt den Menschen zur vollsten Freiheit. [...]

Die schwerste Frage, die bei allen gesetzlichen Bestimmungen, bei allen Staatsformen noch nicht gelöst ist, das ist die Soziale Frage. Ich kann es mit aller Wahrheit aussprechen: Die Schwierigkeit, die Größe, die Dringlichkeit dieser Aufgabe erfüllt mich mit der größten Freude; nicht die Not freut mich, die ich in Wahrheit in tiefstem Herzen mitfühle, nicht das Elend meiner Brüder – nein, sondern dass es jetzt sich zeigen wird und zeigen muss, welche Kirche die Kraft der göttlichen Wahrheit in sich trage. [...]

Schon Thomas von Aquin hat vor sechshundert Jahren mit sorglicher Gründlichkeit diese Fragen und den Weg der Ausgleichung zwischen Besitz und Nichtbesitz nachgewiesen. Die Zeit gestattet mir nicht, seine Lehre näher zu entwickeln. Das aber rufe ich Ihnen bittend und flehend zu: Lassen Sie uns zeigen die Kraft unserer Kirche, wie sie die Männer der alten Zeit gezeigt und betätigt haben, wie ein heiliger Franz von Assisi, der sein letztes Kleid verschenkte in vollster, freiwilligster Armut. Solche Liebe haben auch wir noch in einzelnen Erscheinungen, aber lange nicht so, wie es sein sollte. Redner vor mir haben bemerkt, wir würden für unsere Lauigkeit von Gott mit schweren Prüfungen heimgesucht werden; ja, wir haben dadurch die entsetzlichste Prüfung verdient, dass wir den Geist der christlichen Liebe so verleugnet haben. Wir haben dadurch unserer Kirche die stärksten Beweise der Wahrheit, der Gottes- und Lebenskraft, selbst entzogen, und es ist den Protestanten nicht übel zu nehmen, wenn sie sich den Vorurteilen gegen die katholische Kirche nicht entwinden, solange wir nicht wieder tun, wie die ersten Christen getan. Denn gewiss niemand möchte den Glauben versagen, wenn auf uns sich anwenden ließe, was von den ersten Christen die alten Heiden gesagt: »Sehet, wie sie einander lieben, einander helfen und beispringen, wie sie bereit sind, einer für den andern alles zu opfern!« Diesen Beweis der

Welt zu geben, sind wir schuldig. Möchten Sie, meine Herren, doch auch in dieser Beziehung dem Piusverein eine Richtung geben, damit wir der Welt beweisen, dass der alte Geist Jesu Christi sich bei uns erhalten hat bis auf den heutigen Tag! (SWB I/1, 18–19)

Eigentum verpflichtet

Das Eigentum spielt im Selbstverständnis der sich in der Neuzeit entwickelnden bürgerlichen, liberalen und kapitalistischen Gesellschaft eine zentrale Rolle. Bereits bei John Locke (1632–1704), dem Urvater des neuzeitlichen Liberalismus, und dann bei allen maßgeblichen liberalen Theoretikern wird das Eigentum als fundamentales Menschenrecht verstanden, das Freiheit erst ermöglicht. Demgegenüber ist es die Grundüberzeugung des marxistischen Sozialismus, dass (reale) Freiheit und Gerechtigkeit durch die Privateigentumsordnung zerstört werden. In diesem Sinne schreiben Karl Marx und Friedrich Engels in ihrem 1848 erschienenen Manifest der Kommunistischen Partei, man könne das kommunistische Programm »in dem einen Ausdruck: Aufhebung des Privateigentums, zusammenfassen« (Karl Marx/Friedrich Engels, Werke, Bd. 4, Berlin 1959, 475).

Die kommunistische Ideologie von der Vergesellschaftung der Produktionsmittel ist durch die Geschichte der Sowjetunion und ihrer Satellitenstaaten nach dem Zweiten Weltkrieg als epochaler Irrtum entlarvt worden. Wo auch immer die Marx'sche Idee der Vergesellschaftung in Angriff genommen wurde, lief es auf eine Verstaatlichung hinaus, auf Unterdrückung und Diktatur, auf ein politisches, wirtschaftliches und menschliches Desaster, das 1989 in Europa Gott sei Dank sein Ende gefunden hat. Kardinal Joseph Ratzinger schrieb in der Neuausgabe seiner »Einführung in das Christentum« im Jahr 2000 zutreffend, dass davon »ein trauriges Erbe zerstörter Erde und zerstörter Seelen« zurückblieb.

Allerdings sind Marxismus und Kommunismus auch nicht wie eine Naturkatastrophe über die Menschheit gekommen. Karl Marx, seine Gesinnungsgenossen und Gefolgsleute haben auf eine dramatische Begleiterscheinung der industriellen und kapitalistischen Gesellschaftsentwicklung reagiert: die soziale Ausgrenzung der sich entwickelnden Industriearbeiterschaft in den schnell wachsenden Städten. Den Industriearbeitern ging es in wirtschaftlicher Hinsicht nicht schlechter als Generationen von Landarbeitern in der gesamten Neuzeit. Aber im Gegensatz zu ihnen waren die Industriearbeiter nicht mehr in überkommene soziale, moralische und kulturelle Lebensbezüge eingebettet, die trotz allen materiellen Mangels ein gewisses Maß an Halt und sozialer Identität verbürgten. Indem die in politischer und wirtschaftlicher Hinsicht eindrucksvoll fortschreitende bürgerliche Gesellschaft »vergaß«, die Industriearbeiterschaft auf ihrem Weg in Freiheit und Wohlstand mitzunehmen, bereitete sie auch Marx und der kommunistischen Ideologie den Weg.

Anders als den klassischen Liberalen fehlte manchen ihrer Vertreter im 19. Jahrhundert das Verständnis für die Geschichte und ein realistischer

Blick auf den Menschen. Wie die Marxisten glaubten, aus der Aufhebung des Privateigentums und der Vergesellschaftung der Produktionsmittel würden gleichsam naturgesetzlich tatsächliche Freiheit und soziale Gerechtigkeit entstehen, meinten manche Laissez-faire-Liberale, Privateigentum und Gewerbefreiheit würden ausreichen, um nicht nur wirtschaftlichen, sondern auch kulturellen und sozialen Fortschritt hervorzubringen.

Diesem technizistischen Denken hat Ketteler entschieden widersprochen. Auch er ist für das Recht auf Eigentum eingetreten. Aber er hat sehr eindringlich die Notwendigkeit betont, dass die Privateigentumsordnung in eine übergreifende kulturelle Ordnung eingebunden sein muss, in der die mit dem Recht auf Eigentum verbundenen moralischen Pflichten klar vor Augen stehen.

»Eigentum verpflichtet. Sein Gebrauch soll zugleich dem Wohle der Allgemeinheit dienen«, so steht es heute in Artikel 14 des deutschen Grundgesetzes. Dieser Grundsatz unterscheidet die Soziale Marktwirtschaft, wie sie nach dem Zweiten Weltkrieg in Deutschland und anderen Ländern Westeuropas begründet worden ist, vom Kapitalismus mit seinem Laissez-faire-Prinzip im 19. Jahrhundert, dem eine wirkliche Ordnung fehlte. Zu diesem fundamental anderen Verständnis haben viele beigetragen: Christlich-Soziale im Gefolge Kettelers, Sozialdemokraten und auch die zu Unrecht heute viel geschmähten Neoliberalen. Denn das Neue am Neoliberalismus war ja gerade die Einsicht, dass eine lebensfähige freiheitliche Gesellschaft und Marktwirtschaft nicht dadurch entstehen, dass man den Dingen einfach ihren Lauf lässt, sondern dass man einen Rahmen schafft, der den Wettbewerb in gemeinwohldienliche Bahnen lenkt. Das ist die gemeinsame Einsicht, gleichsam der demokratische Konsens seit den fünfziger Jahren des letzten Jahrhunderts. Freilich ließ und lässt dieser Konsens eine Menge Spielraum für den politischen Streit darüber, wie man eine Wettbewerbsordnung gemeinwohldienlich ausgestaltet.

Mit Blick auf die uns immer noch und auf absehbare Zeit wohl weiterhin beschäftigende Finanzmarkt- und Wirtschaftskrise dürfen unsere Diskussionen über Soziale Marktwirtschaft und Sozialpflichtigkeit des Eigentums sich nicht in bloßen Umverteilungsdiskussionen erschöpfen. Eng mit dem Prinzip des Privateigentums ist ein weiteres Prinzip verknüpft, dessen grobe Missachtung eine wesentliche Ursache der weltweiten Finanzmarkt- und Wirtschaftskrise ist: das Prinzip der Haftung, also die Verknüpfung von Eigentum und Verantwortung. Nach Walter Eucken (1891–1950), dem Freiburger Vordenker der Sozialen Marktwirtschaft, ist die Haftung eines der konstituierenden Prinzipien einer funktionierenden Wettbewerbsordnung. Haftung bewirkt, dass »die Disposition des Kapitals vorsichtig erfolgt. Investitionen werden umso sorgfältiger gemacht, je mehr der Verantwortliche für diese Investitionen haftet. Die Haftung wirkt insofern also prophylaktisch gegen eine Verschleuderung von Kapital und zwingt dazu, die Märkte vorsichtig abzutasten« (Walter Eucken, Grundsätze der Wirtschaftspolitik, 7. Aufl. Tübingen 2004, 280). Gegen diesen Grundsatz allerdings ist auf den globalen Finanzmärkten verstoßen worden. Denn diejenigen, die risikoreiche Anlagestrategien verfolgt und explosive Finanzmarktprodukte konzipiert haben, erzielten damit jahrelang hohe Gewinne. Aber sie mussten nicht für die Schäden aufkommen, sondern diese wurden, anders als die Gewinne, auf die Gesellschaft insgesamt umgelegt.

Weder Gewinn noch Eigentum, noch der Markt oder seine Mittel und Instrumente sind an sich schlecht, können aber durch Ideologien verstellt und zum Schlechten gebraucht werden. Benedikt XVI. folgert deshalb zu Recht, dass »sich der Appell nicht an das Mittel, sondern an den Menschen richten [muss], an sein moralisches Gewissen und an seine persönliche und soziale Verantwortung« (Caritas in veritate 36). In diesem Sinne sollten wir jetzt und zukünftig beherzigen, dass auch auf den Finanzmärkten der Grundsatz gelten muss: Eigentum verpflichtet!

ADVENTSPREDIGTEN 1848

Die Besitzenden und Nichtbesitzenden stehen sich feindlich gegenüber, die massenhafte Verarmung wächst von Tag zu Tag, das Recht des Eigentums ist in der Gesinnung des Volkes erschüttert, und wir sehen von Zeit zu Zeit Erscheinungen auftauchen gleich Flammen, die bald hier, bald dort aus der Erde hervorbrechen – Vorboten einer allgemeinen Erschütterung, die bevorsteht. Auf der einen Seite sehen wir ein starres Festhalten am Recht des Eigentums, auf der anderen ein ebenso entschlossenes Leugnen jedes Eigentumsrechtes, und wir suchen ängstlich nach einer Vermittlung zwischen diesen schroffen Gegensätzen. (SWB I/1, 26)

Der heilige Thomas stellt hier den Gedanken an die Spitze, dass alle Kreaturen, und also auch alle irdischen Güter, ihrer Natur und ihrem Wesen nach nur Gott gehören können. Dieser Satz folgt mit Notwendigkeit aus dem Glaubenssatz, dass Gott alles außer Ihm aus dem Nichts erschaffen hat. Gott ist also der wahre und ausschließliche Eigentümer aller Geschöpfe, und dieses Recht Gottes ist, weil mit dem Dasein der Geschöpfe selbst verknüpft, unveräußerlich, und keine Verteilung, kein Besitz, keine Gewohnheit, kein Gesetz kann dieses wesentliche Recht Gottes beschränken. Hier hat folglich Gott alles Recht, der Mensch gar keines. Außer diesem wesentlichen vollen Eigentumsrecht, welches nur Gott zustehen kann, unterscheidet aber der heilige Thomas noch ein Nutzungsrecht, und nur in Bezug auf diese Nutzung räumt er den Menschen ein Recht über die irdischen Güter ein. Wenn daher überhaupt von einem natürlichen Eigentumsrecht der Menschen die Rede ist, so kann damit nie ein volles und wahres Eigentumsrecht gemeint sein, was durchaus nur Gott zustehen kann, sondern immer nur ein Recht der Benutzung. Daraus folgt aber ferner, dass auch das Nutzungsrecht nie als ein unbeschränktes, als ein Recht, mit den irdischen Gütern anzufangen, was der Mensch will, aufgefasst werden kann und darf, sondern immer nur als das Recht, die Güter so zu benutzen, wie Gott es will und festgesetzt hat. Der Mensch muss die Ordnung, die Gott in der Benutzungsweise festgesetzt, anerkennen und hat nimmer das Recht, den Gebrauch der irdischen Güter dem Zweck zu entziehen, wozu sie Gott bestimmt hat. Dieser erste Zweck aller irdischen Güter ist aber ebenso in der Natur selbst wie in dem Wort ausgedrückt, das Gott nach der Erschaffung zu den Menschen gesprochen hat: »Siehe, ich habe euch gegeben alles Kraut, das sich besamet auf Erden, und alle Bäume, die in sich selbst Samen haben nach ihrer Art, dass sie euch zur Speise seien« (Gen 1, 29).

Gott hat also, so beschließen wir diese Gedanken mit den Worten des heiligen Thomas, das Obereigentum aller Dinge. Er hat aber in seiner Vorhersehung einige derselben zum leiblichen Unterhalt der Menschen bestimmt, und deshalb hat auch der Mensch ein natürliches Eigentumsrecht, nämlich das Recht, sie zu benutzen. Aus dieser Auffassung ergeben sich uns zwei wichtige Folgerungen.

Erstens: Die katholische Kirche hat in ihrer Lehre vom Eigentum nichts gemein mit jener Auffassung des Eigentumsrechtes, die man gewöhnlich in der Welt antrifft und demgemäß der Mensch sich als den unbeschränkten Herrn seines Eigentums ansieht. Nimmermehr kann die Kirche dem Menschen das Recht zuerkennen, mit den Gütern der Welt nach Belieben zu schalten und zu walten, und wenn sie vom Eigentum der Menschen spricht und es beschützt, so wird sie immer die drei ihren Eigentumsbegriff wesentlich konstituierenden Momente vor Augen haben, dass das wahre und volle Eigentumsrecht nur Gott zusteht, dass dem Menschen nur ein Nutzungsrecht eingeräumt worden und dass der Mensch verpflichtet ist, bei der Benutzung die von Gott gesetzte Ordnung anzuerkennen.

Zweitens ergibt sich, dass diese Lehre vom Recht des Eigentums nur da möglich ist, wo ein lebendiger Gottesglaube sich findet, da sie in Gott, in seinem Willen, in seiner Ordnung wurzelt und begründet ist. Erst seit jene Männer, die sich die Volksfreunde nennen, obwohl sie nur an dem Verderben des Volkes arbeiten und ihre geistigen Vorfahren den Gottesglauben in der Menschheit erschüttert haben, konnte auch die gottlose Lehre vom Rechte des Eigentums, wodurch der Mensch sich selbst zum Gott seines Eigentums macht, mehr und mehr verbreitet werden. Von Gott getrennt, sahen die Menschen sich selbst als die ausschließlichen Herren ihres Eigentums an und betrachten es nur als Mittel zur Befriedigung ihrer immer wachsenden Genusssucht; von Gott getrennt, machten sie den Lebensgenuss und die sinnliche Freude zum Ziele ihres Daseins und die Güter zum Mittel, um dieses Ziel zu erreichen, und so musste sich eine Kluft zwischen Reichen und Armen bilden, wie sie die christliche Welt noch nicht gekannt hat. Während der Reiche in überreizter, raffinierter Sinnlichkeit Unermessliches verschwendet, lässt er arme Mitbrüder in der Entbehrung des Notwendigsten dahinschmachten und entzieht ihnen, was Gott zur Nahrung der Menschen bestimmt hat. Auf dem so missbrauchten und gegen die natürliche und übernatürliche göttliche Ordnung verwendeten Eigentume liegt ein schwerer Fluch, ein Berg von Ungerechtigkeit. (SWB I/1, 26–28)

Dieser Wille Gottes kann nun in doppelter Weise erreicht werden. Die Menschen können entweder das ihnen übertragene Eigentums- oder richtiger Nutzungsrecht gemeinschaftlich ausüben, wie es der Kommunismus will, um gemeinschaftlich die Güter der Erde zu verwalten und die Nutzungen zu verteilen; oder sie können dieselben geteilt besitzen, so dass dem einzelnen Menschen das Eigentumsrecht über einen bestimmten Teil der Güter der Erde zusteht, mit der Befugnis, die daraus gezogenen Früchte zu ziehen. Auch die Frage, welche dieser beiden Benutzungsweisen für den Menschen bestimmt sei, zieht der heilige Thomas zur Untersuchung und löst dadurch ein Problem, das erst sechshundert Jahre nach ihm die Welt bewegen sollte. Wir wollen auch bei dieser Untersuchung ihm folgen. An dem Nutzungsrecht, das dem Menschen zusteht, unterscheidet er zwei Momente, erstens das Recht der Fürsorge und Verwaltung, zweitens das Recht des Fruchtgenusses. Die Einteilung rechtfertigt sich von selbst. So wie uns von der Natur die Dinge geboten werden, sind sie zur Befriedigung unserer Bedürfnisse nicht geeignet. Sie müssen zunächst zum Genusse vorbereitet, also verwaltet und bearbeitet werden.

In Bezug auf die Verwaltung und Fürsorge, behauptet nun der heilige Thomas, müsse das Eigentumsrecht der einzelnen Menschen über die Güter der Erde anerkannt werden, und zwar aus drei Gründen. Erstens werde nur in dieser Weise für die gute Verwaltung der irdischen Güter selbst gesorgt, denn jeder sorge besser für das, was ihm selbst gehöre, als was er mit anderen gemeinschaftlich besitze. Jedermann, fügt er hinzu, fliehe die Arbeit und überlasse, was allen gemeinschaftlich obliege, gerne dem anderen, wie es unter einer zahlreichen Dienerschaft zu geschehen pflege. Es ist nicht schwer, die volle Wahrheit dieser Behauptung einzusehen. Würden alle Güter gemeinschaftlich verwaltet oder nach Jahren oder Zeiträumen verteilt oder fiele nur das Recht der Vererbung weg, so würde jede gute Verwaltung vernichtet, jede Verbesserung unmöglich gemacht, und selbst die Triebfeder zu neuen Erfindungen würde im Geiste der Menschen erlahmen. Jeder würde sich auf den anderen verlassen, die natürliche Trägheit im Menschen hätte ihr Gegengewicht verloren, würde bald zur Herrschaft gelangen und zur Entwertung der Erdengüter selbst führen. Zweitens, sagt der heilige Thomas, könne nur durch Anerkennung des Eigentumsrechtes der einzelnen Menschen die Ordnung, die zur gedeihlichen Verwaltung der Erdengüter notwendig sei, aufrechterhalten werden, denn es werde allgemeine Verwirrung entstehen, wenn jeder für alles zu sorgen habe. [...] Endlich drittens, sagt der heilige Thomas, könne nur bei anerkanntem Eigentumsrecht der Einzelnen der Friede unter den Menschen erhalten werden, da ja die Erfahrung lehre, wie leicht gemeinschaftlicher Besitz zu Streit und Zank führe. Tief und wahr ist auch dieser Grund. Wenn jetzt schon Geschwister sich nicht einigen können, die die Erbschaft ihres Vaters teilen wollen, wenn die Bewohner eines Hauses sich entzweien, die nur die Luft in demselben Haus und das Wasser in demselben Brunnen sich zu teilen haben, was würde aus der Menschheit werden, wenn jeder Besitz, jede Arbeit immer wieder geteilt werden sollte. Die ganze Menschheit würde in Streit und Hader auseinanderreißen.

Der heilige Thomas hält also, aus diesen drei unwiderleglichen Gründen, das Eigentumsrecht der Einzelnen, in Bezug auf die Fürsorge und Verwaltung, aufrecht und steht also, insoweit übereinstimmend mit dem Gebote Gottes: »Du sollst nicht stehlen« und mit der Lehre der katholischen Kirche, dem Kommunismus unserer Tage streng und unversöhnlich gegenüber. Der Kommunismus in dem Sinne, dass die Güter der Erde immer wieder geteilt werden sollen, widerspricht dem Gesetz der Natur, weil er die gute Verwaltung der Erdengüter und damit die Erreichung ihres natürlichen Zweckes vernichten, Unordnung und Feindschaft verbreiten und also die Bedingungen des menschlichen Lebens aufheben würde.

In Bezug auf den zweiten Moment, der in dem Benutzungsrecht der Menschen gelegen ist, nämlich auf das Recht, die aus der Verwaltung der irdischen Güter gewonnenen Früchte zu genießen, stellt der heilige Thomas dagegen einen ganz anderen Grundsatz auf. Diese Früchte soll der Mensch nach seiner Lehre niemals als sein Eigentum, sondern als ein Gemeingut aller betrachten, und er soll daher gerne bereit sein, den anderen in ihrer Not mitzuteilen. Deshalb sage der Apostel: den Reichen dieser Welt gebiete, ... gerne zu geben und mitzuteilen (1 Tim 6, 17.18).

Wie wir also vorher die christliche Lehre dem falschen Kommunismus entgegentreten sahen, so sehen wir sie hier nicht minder entschieden der falschen Lehre vom Recht des Eigentums sich widersetzen und den wahren Kommunismus aufstellen. Gott hat die Natur erschaffen, um alle Menschen zu ernähren, und dieser Zweck muss erreicht werden. Deshalb soll jeder die Früchte seines Eigentums wieder zum Gemeingut machen, um, so viel an ihm liegt, zur Erreichung dieser Bestimmung beizutragen. (SWB I/1, 28–30)

Die falsche Lehre vom starren Recht des Eigentums ist eine fortgesetzte Sünde wider die Natur, indem sie kein Unrecht darin sieht, das zur Befriedigung der ungemessensten Habsucht, der ausschweifendsten Sinnenlust zu verwenden, was Gott zur Nahrung und Bekleidung aller Menschen bestimmt hat, indem sie die edelsten Gefühle in der Menschenbrust unterdrückt und eine Härte, eine Gefühllosigkeit gegen das Elend der Menschen erzeugt, wie sie kaum unter den Tieren sich vorfindet, indem sie einen fortgesetzten Diebstahl für Recht erklärt: Denn, wie ein heiliger Kirchenvater sagt, nicht bloß der ist ein Dieb, der fremde Güter für sich zurückbehält. Der berüchtigte Ausspruch: »Das Eigentum ist Diebstahl«, ist nicht bloß eine Lüge, er enthält, neben einer großen Lüge, zugleich eine furchtbare Wahrheit. Mit Spott und Hohn wird er nicht mehr beseitigt. Wir müssen die Wahrheit an ihm vernichten, damit er wieder ganz zur Lüge werde. So lange er noch ein Teilchen Wahrheit an sich hat, vermag er die Ordnung der Welt über den Haufen zu stürzen. Wie aber ein Abgrund den anderen ruft [vgl. PS 41(42),8], so ruft eine Sünde gegen die Natur die andere hervor. Aus dem entstellten Eigentumsrecht ist die falsche Lehre des Kommunismus hervorgegangen. Auch sie ist eine Sünde gegen die Natur, indem sie, unter einem menschenfreundlichen Schein, das gerade Gegenteil, das tiefste Verderben über die Menschheit bringen, den Fleiß, die Ordnung, den Frieden auf Erden vernichten, einen Kampf aller gegen alle hervorrufen und so die Bedingungen des menschlichen Daseins vernichten würde.

Leuchtend steht über beiden Lügensätzen die Wahrheit der katholischen Kirche. Sie erkennt in beiden Ansichten das Wahre an und vereinigt es in ihrer Lehre, sie verwirft in beiden das Unwahre. Sie anerkennt bei dem Menschen überhaupt kein unbedingtes Eigentumsrecht über Güter der Erde, sondern nur ein Nutzungsrecht in der von Gott festgestellten Ordnung. Sie schützt dann das Eigentumsrecht, indem sie behauptet, dass zum Zwecke der Fürsorge und Verwaltung, im Interesse der Ordnung und des Friedens die Teilung der Güter, wie sie sich unter den Menschen entwickelt hat, anerkannt werden muss; sie heiligt den Kommunismus, indem sie die Früchte des Eigentums wieder zum Gemeingut aller macht. (SWB I/1, 31f.)

Ich frage nämlich, wie ist es möglich, dass wir auf der einen Seite Reiche und Besitzende sehen, die in Verleugnung der einfachsten Naturgesetze und ohne im Gewissen erschüttert zu werden ihr Vermögen vergeuden, während sie Arme verhungern, arme Kinder verwildern lassen? Wie ist es möglich, dass uns noch der Überfluss schmeckt, während unsere Brüder am Notwendigsten Mangel leiden? Wie ist es möglich, dass wir an Trink- und Tanzgelagen noch Freude finden und dass uns dort das natürliche Menschenherz nicht berstet und zerreißt, wenn wir der armen Kranken gedenken, die in der Fieberglut ihre Arme nach Labung ausstrecken und niemand finden, der sie ihnen reiche? Wie ist es möglich, dass wir noch mit Freuden in den Straßen der großen Städte einherwandern, wo wir auf jedem Schritt und Tritt arme Kinder, die wie wir Menschen, Ebenbilder Gottes sind, antreffen, die im tiefsten sittlichen und leiblichen Verderben heranwachsen, in der Geburt, in der Jugend und im Alter Opfer der schmachvollsten Leidenschaft? Wie ist es möglich, dass natürliche Menschen so unnatürlich unmenschlich werden können? [...] Auf diese Frage gibt es nur eine Antwort, und zwar mit jener Lehre des Christentums, von der ein tiefer christlicher Denker [Blaise Pascal] sagt, dass sie zwar dem Verstand unbegreiflich, aber zugleich so notwendig wahr sei, dass ohne ihre Annahme der Mensch sich selbst ein Geheimnis bleibe, nämlich mit der Lehre von der Erbsünde und ihrer Fortpflanzung über das gesamte Menschengeschlecht. Gewiss, fährt jener Denker fort, nichts stößt schroffer zurück als die Lehre von der Erbsünde, und dennoch ohne dieses Geheimnis, welches unter allen das unbegreiflichste des Christentums ist, bleiben wir uns selbst immerfort ein Geheimnis. Die Erbsünde ist den Menschen eine Torheit; gut, wir geben es zu. Man sollte dieser Lehre die Unbegreiflichkeit nicht vorwerfen, denn wir gestehen es, dass sie dem Geist des Menschen unergründbar ist. Aber diese Torheit ist weiser als alle Weisheit der Menschen: was an Gott töricht ist, ist weiser als die Menschen [1 Kor 1, 25]. Denn wie können wir sonst den Menschen begreifen. Sein ganzer Zustand hängt von diesem Geheimnis ab. Auch wir stehen mit diesem Dilemma vor der Frage, die uns beschäftigt. Was Pascal in der angeführten Stelle auf den einzelnen Menschen angewendet, wende ich auf die Geschichte der Menschen in jeder einzelnen Epoche und auf die Zustände an, die uns umgeben. Wer das Geheimnis von der Erbsünde verwirft, weil er es nicht verstehen kann, dem bleibt die Menschengeschichte ein unverstandenes Geheimnis. Weil er alles verstehen will, versteht er nichts; unter dem Vorwand, in allem vernünftig sein zu wollen, ist er in allem unvernünftig. Wer dagegen im Glauben und in Demut das Geheimnis von der Erbsünde annimmt, dem ist nichts mehr Geheimnis, er versteht sich selbst und die Geschichte der Menschheit. Der Gegenstand, den wir behandeln, bestätigt diese Wahrheit. Nur die Lehre von der Erbsünde verbreitet uns wahres Licht über unsere Zustände. Nach ihr sind die Menschen von Gott abgefallen, und als Folge dieses großen Abfalls sind die natürlichen Kräfte, die im Menschen lagen, verschlechtert worden. Die Erkenntniskraft des menschlichen Geistes ist verdunkelt, der menschliche Wille ist zum Bösen hingeneigt, die dreifache böse Lust [vgl. 1 Joh 2, 16] und der Satan haben einige Herrschaft über die Menschen erhalten, und nur durch die Gnade, welche die Erlösung in Christus den Menschen darbietet, vermag er seine ursprüngliche Bestimmung wieder zu erreichen. Diese Grundlehre des gesamten Christentums vermag allein uns zu erklären, wie selbst die natürlichsten Wahrheiten verkannt, die heiligsten Gefühle verleugnet werden können, wie der Mensch so unmenschlich zu werden vermag. (SWB I/1, 37f.)

Sehet, meine christlichen Brüder, so antwortet Christus allen jenen, die mit dem Menschen aus dem Evangelium durch Güterteilung reich werden oder überhaupt durch äußere Mittel die sozialen Zustände *bessern wollen. Er will auch eine richtige Verteilung der Güter, aber nicht durch Gewalt,* sondern durch Umänderung der Gesinnung. *Das ist der wesentliche Unterschied der Lehren des Christentums und der Lehren der Welt. Diese hat nur äußere Mittel, die die Quelle des Übels nicht heilen können, das Christentum heilt die Quelle des Übels, die Gesinnung der Menschen. Nicht in der äußeren Not liegt unser soziales Elend, sondern in der inneren Gesinnung. Jener wäre leicht abzuhelfen, wenn nur die Gesinnung eine andere wäre. Die beiden gewaltigen Seelenübel, an denen unsere geselligen Beziehungen krank darniederliegen, sind teils die unersättliche Genuss- und Habgier, teils die Selbstsucht, welche die Nächstenliebe zerstört hat. Diese Krankheit hat die Reichen und die Armen ergriffen. Was vermögen da Steuerverteilungen und Sparkassen, solange diese Gesinnung fortbesteht. Dieser inneren Verderbnis gegenüber ist die Welt mit allen ihren Lehren gänzlich ohnmächtig, während das Christentum die ganze Macht seiner Lehre eben auf die Gesinnung, auf die innere Besserung der Menschen richtet. Ich will es versuchen, an einigen Stellen der Lehre Jesu nachzuweisen, wie er hierbei von Stufe zu Stufe fortschreitet und von allen Seiten, gleichsam durch alle Tore auf die Seele eindringt, um sie von der zweifachen Krankheit, der Habgier und der Selbstsucht, zu befreien.* (SWB I/1, 41f.)

Der unersättlichen Habgier des gesunkenen Menschen hält Christus die nackte Armut des erlösten vollkom-

menen Menschen entgegen, und mit welchem Erfolg, das weiß die katholische Kirche aus dem Leben so vieler Heiligen. Und abermals sehen wir den Heiland weiter schreiten, um die Selbstsucht unseres Herzens zu heilen, indem er spricht: »Du sollst den Herrn, deinen Gott, lieben, aus deinem ganzen Herzen, aus deiner ganzen Seele, aus deinem ganzen Gemüte. Dies ist das größte und das erste Gebot. Das andere aber ist diesem gleich: Du sollst deinen Nächsten lieben wie dich selbst« (Mt 22, 37–39). Fragen wir ihn aber, wer der Nächste ist, so führt er uns hin zu dem Menschen voll Wunden, an dem Weg von Jerusalem nach Jericho (Lk 10, 30–37), und lehrt uns, dass jeder Bettler am Weg, jeder Kranke auf dem Bett unser Nächster ist.

Meine christlichen Brüder, lasst uns einen Tag diese Lehre befolgen, und alle sozialen Übel sind wie mit einem Zauberschlag verschwunden; lasst uns, Reiche und Arme, einen Tag unseren Nächsten lieben wie uns selbst, und das Angesicht der Erde wird erneuet sein. O möchten wir die Lehre Christi begreifen!

Was soll ich aber erst sagen, meine christlichen Brüder, wenn der Heiland ferner zu uns spricht: »Wahrlich, sage ich euch, was ihr einem dieser meiner geringsten Brüder getan habt, das habt ihr mir getan« (Mt 25, 40). »Wer euch aufnimmt, der nimmt mich auf, und wer mich aufnimmt, der nimmt denjenigen auf, der mich gesandt hat ... Wer einem von diesen Geringsten nur einen Becher kalten Wassers zu trinken reicht, ... wahrlich, sage ich euch, er wird seinen Lohn nicht verlieren« (Mt 10, 40.42).

Wer kann die Kraft, die in diesen Worten liegt, um Habgier und Selbstsucht in uns zu zerstören, schildern, wer vermag anzugeben, wie viele Tränen diese Worte getrocknet haben und fort und fort trocknen werden? Mit diesen Worten hat der Heiland die ganze Schar heiliger Jungfrauen, die im armen Kranken den Heiland lieben, an das Bett derselben gefesselt. Alle Liebe, die die Menschen ihm schulden, hat er so den Armen und Kranken dienstbar gemacht. Doch der Heiland kannte das Herz des Menschen, er wusste, wie fest in demselben die Habgier und Selbstsucht wurzeln und welcher Gewaltmittel es bedürfe, um sie herauszureißen. Jenen also, die höheren Beweggründen nicht folgen wollen, hält er das Gericht und die ewige Pein vor Augen. Er öffnet ihnen den Blick in die Stunde des furchtbaren Gerichtes, wo er kommen wird in großer Majestät und Herrlichkeit, wo er die Böcke von den Schafen trennen und zu jenen, die zu seiner Linken stehen, sprechen wird: »Weichet von mir, ihr Verfluchten, in das ewige Feuer, welches den Teufeln und seinen Engeln bereitet worden ist: denn ich war hungrig, und ihr habt mich nicht gespeist, ich war durstig, und ihr habt mich nicht getränkt; ich war ein Fremdling, und ihr habt mich nicht beherbergt; ich war nackt, und ihr habt mich nicht bekleidet; ich war krank und im Gefängnis, und ihr habt mich nicht besucht. Da werden auch sie ihm antworten und sagen: Herr, wann haben wir dich hungrig und durstig oder als Fremdling oder nackt oder krank oder im Gefängnisse gesehen, und haben dir nicht gedient? Dann

wird er ihnen antworten und sagen: Wahrlich, ich
sage euch, was ihr einem dieser Geringsten nicht getan
habt, das habt ihr auch mir nicht getan. Und diese
werden in die ewige Pein gehen« (Mt 25, 41–46).
(SWB I/1, 42f.)

Frei sein in Christus

Das Verhältnis der modernen Freiheitsbewegungen und der katholischen Kirche im Europa des 19. Jahrhunderts war schwierig. Das, so meine ich, hat jedoch weniger mit grundsätzlichen Unvereinbarkeiten zu tun als vielmehr mit konkreten historischen Zusammenhängen und Missverständnissen auf beiden Seiten.

Wenn man diesen Zusammenhängen auf den Grund gehen möchte, muss man weit zurückschauen in die europäische Geschichte, bis ins 11. Jahrhundert, zum Streit zwischen Papst Gregor VII. und dem deutsch-römischen König Heinrich IV. um die Frage, ob der Papst oder der König bzw. der Kaiser die Bischöfe ernennen darf. Dieser Streit gipfelte darin, dass der Papst den König exkommunizierte, der allerdings mit seinem sprichwörtlich gewordenen Gang nach Canossa seine Rehabilitation erzwang. Seitdem war es im Grunde um die in Europa ehedem vielbeschworene »Einheit von Thron und Altar« geschehen. Immer wieder kam es zu kleineren und größeren Machtkämpfen zwischen Kirche und Staat.

Die Situation verschärfte sich zu Beginn der Neuzeit. Die Reformation spaltete die Christenheit in verschiedene Konfessionen, und ein vielschichtiges Zusammentreffen von religiösen und politischen Konflikten entlud sich in schlimmen Auseinandersetzungen; die schlimmste war der

Dreißigjährige Krieg (1618–1648). Die jungen europäischen Staaten versuchten, derartige Konflikte zu verhindern, indem sie in ihren Staatsgebieten konfessionelle Uniformität und eine weitgehende staatliche Bevormundung der Kirche anstrebten. Das aber sorgte für neuen Konfliktstoff.

Ein weiterer Höhepunkt dieser Entwicklung war mit der Französischen Revolution erreicht. Die Revolutionäre wollten die individuelle Freiheit durchsetzen – mit aller Macht und zur Not auch gegen den Willen der Betroffenen. Bekanntlich führte dieser Ehrgeiz in die sogenannte »Terrorherrschaft« der Jakobiner, die Frankreich – die »älteste Tochter der Kirche« – systematisch entchristianisieren wollten, indem sie die christlichen Sonn- und Feiertage abschafften und durch einen »Kult des höchsten Wesens« ersetzten. Tausende Priester, Ordensleute und Gläubige, die sich dem widersetzten, wurden umgebracht.

All das muss man mitbedenken, wenn man fragt, warum viele Katholiken und besonders eben auch die Päpste im 19. Jahrhundert den Gedanken von politischer Freiheit, Menschenrechten und Demokratie so ablehnend gegenüberstanden. Es ist jedenfalls zu einfach, die damalige Kirche bloß als mittelalterlich und antimodern abzutun.

Bereits vor und erst recht nach der Französischen Revolution gab es eine ganze Reihe prominenter Katholiken, die versuchten, sich produktiv mit den Idealen der Aufklärung – Freiheit,

Humanität und Vernunft – auseinanderzusetzen. Unbestreitbar gehörte Ketteler dazu. Bereits 1848, in jener Leichenrede, die ihn berühmt machte, sagte er: »Ich glaube an die Wahrheit aller dieser erhabenen Ideen, welche die Welt jetzt bewegen, mir ist keine zu hoch für die Menschen, ich glaube, dass es die Aufgabe der Menschheit ist, sie alle zu erfüllen, ich liebe die Zeit schon deshalb, weil sie so gewaltig nach der Erfüllung dieser Ideen ringt« (SWB I/1, 15).

Ob man Ketteler wegen solcher Aussagen als einen Vertreter des liberalen Katholizismus bezeichnen kann, ist auch bei seinen wissenschaftlichen Interpreten umstritten. Aber Etikettierungen dieser Art erschweren eher wirkliches Verstehen. Ich rate lediglich dazu, bei der Lektüre der Abschnitte in diesem Kapitel Ketteler im Kontext seiner Zeit zu bedenken.

Ich möchte noch ein paar persönliche Worte zum Zusammenhang von Freiheit und Christentum sagen: Wie Ketteler bin ich der festen Überzeugung, dass die Kirche die Freiheit der Menschen und die freie Gesellschaft nicht zu fürchten braucht. Denn unser Verständnis von Freiheit hat seine tiefsten kulturellen Wurzeln im biblischen Menschenbild.

In der heidnischen Antike betrachtet man den Einzelnen als bloßes Exemplar der Gattung Mensch. Zwar wird der Einzelne bereits in der griechischen Philosophie und im römischen Privatrecht als selbstverantwortliches Individuum mit bestimmten Rechten und Pflichten verstanden. Aber diese Perspektive bleibt auf einen Ausschnitt der Menschheit (Männer mit Bürgerstatus) und die Bereiche der Moral und des Rechts beschränkt. Erst der biblische Glaube, dass Gott den Menschen als sein Abbild geschaffen hat, verleiht jedem einzelnen Menschen eine unveräußerliche Würde, die ihn in umfassender Weise der Willkür seiner Mitmenschen entzieht und auch dem Staat Grenzen setzt. Im Grunde ging es in der mittelalterlichen Auseinandersetzung auch darum: dem Staat seine Grenzen zu zeigen und damit Freiheit zu ermöglichen.

Dieser Gedanke – der Mensch als Abbild Gottes – war die ungeheuerliche Neuerung, die der biblische Glaube in die Welt brachte. Das damit verbundene Menschenbild wird im Christentum unüberbietbar verstärkt durch den Glauben, dass Gott selbst in Jesus Christus Mensch geworden ist. »Denn er, der Sohn Gottes, hat sich in seiner Menschwerdung gewissermaßen mit jedem Menschen vereinigt« (Zweites Vatikanisches Konzil, Gaudium et spes 22). Das war für die heidnische Antike ein unglaublicher Gedanke und einer der Gründe dafür, dass die ersten Christen grausame Verfolgungen zu erdulden hatten. Denn dieser Glaube hat auch politische Konsequenzen.

In der politischen Philosophie der griechischen und römischen Antike wird der Staat als Gemeinschaft verstanden, die das Gute repräsentiert. Erst als Gemeinschaftswesen, als Staatsbürger wird der Mensch im Vollsinn des antiken Verständnisses zum Menschen. Sklaven, die eben keine Staatsbürger waren, wurden deshalb auch nicht als Menschen im moralischen Sinne betrachtet. Auch die Religion ist in der Antike wesentlich Staatsreligion, Kult ist Staatskult. Der Kaiser als Symbol der Einheit des Römischen Reiches wird vergöttlicht und kultisch verehrt. Wer sich an diesem Staatskult nicht beteiligt, verstößt gegen die Staatsräson. Das war das Problem der frühen Christen, die ihre Weigerung, das Bildnis des Kaisers anzubeten, häufig mit dem Leben bezahlten.

Durch den biblischen Glauben wird das antike Verständnis des Verhältnisses von Einzelnem und Gemeinschaft verändert. Der Einzelne wird in seiner Unverwechselbarkeit und Würde betont, zugleich wird der Staat entsakralisiert und in seinem Gewicht zurückgenommen. In seinen Selbstgesprächen sagt Augustinus: »Gott und die Seele will ich erkennen.« Die Gestalt der Vernunft, mit der Augustinus dieses Selbstgespräch führt, fragt ihn daraufhin: »Ist das wirklich alles?« Seine Antwort lautet: »Das ist alles« (Augustinus, Selbstgespräche über Gott und die Unsterblichkeit der Seele, Zürich 1954, 60f.). Diesem Gedanken liegt ein dezidiert freiheitlicher, vom »Subjekt« ausgehender Zug zugrunde. Und ich behaupte, dass hier eine der kulturgeschichtlich tiefsten Wurzeln der Idee der Freiheit liegt, der Idee der Menschenrechte und der Demokratie.

Die Beschränkung von Macht und Gewalt ist auch eine Frage des Glaubens, der vor Allmachtsphantasien bewahrt. Der Mensch ist zwar frei, aber nicht allmächtig. Er ist mit verschiedenen Gaben ausgestattet, um die Welt positiv zu gestalten. In einer steten Auseinandersetzung mit der Vernunft kann dann diese Gestaltungskraft nicht ins Negative umschlagen. Deshalb sind Glaube und Religion aus christlicher Sicht eine Ressource einer freiheitlichen staatlichen Ordnung. In der Debatte um einen Gottesbezug in der Präambel der Europäischen Verfassung habe ich seinerzeit die Position vertreten, dass der Hinweis genüge: »Der Mensch ist nicht Gott.« Hieran wird deutlich, welche Begrenzung die staatliche Macht durch den Glauben erfährt.

Deshalb liegt auch die Religionsfreiheit im ureigensten Interesse des Staates. Der Staat soll Religionsfreiheit nicht nur gewähren, weil es ein fundamentales Recht des Einzelnen oder einer Gruppe ist. Der Staat selbst ist vielmehr angewiesen auf die Religionsfreiheit, auf die moralischen Voraussetzungen seiner Existenz und auf die begrenzende Kraft des Glaubens seiner Bürger, der ihn vor einer Anmaßung von Kompetenzen bewahrt. Religion ist kein Hindernis für eine demokratische und freie Gesellschaft, sondern Teil ihrer Ermöglichung.

Ich gebe unumwunden zu: Auf ihrem Weg durch die Geschichte hat die Kirche den Zusammenhang von Freiheit und christlichem Menschenbild allzu oft vergessen. Aber das gehört der Vergangenheit an. Johannes Paul II. hat in seinem Buch »Erinnerung und Identität«, das kurz vor seinem Tod erschien, die Freiheit in den Mittelpunkt der kirchlichen Sozialverkündigung gestellt: »Man kann sagen, dass an der Wurzel all dieser Dokumente des Lehramts das Thema der Freiheit des Menschen steht. Die Freiheit wird dem Menschen vom Schöpfer gegeben als Gabe und Aufgabe zugleich. Der Mensch ist nämlich dazu berufen, mit seiner Freiheit die Wahrheit über das Gute anzunehmen und zu verwirklichen.« Das ist so wichtig, weil es nicht nur den Menschen an sich in den Blick nimmt, sondern auch in seiner Beziehung zu anderen. Freiheit und soziale Verpflichtung, persönliche Verantwortung und Solidarität gehören untrennbar zusammen. Auch der Impulstext »Chancengerechte Gesellschaft. Leitbild für eine freiheitliche Ordnung«, den die Kommission für gesellschaftliche und soziale Fragen der Deutschen Bischofskonferenz 2011 veröffentlicht hat, würdigt die Freiheit als einen zentralen sozialethischen Maßstab.

In unserem Land erscheint vielen von uns die Freiheit meist als selbstverständlich. Es wird vergessen, dass Freiheit ein fragiles Gut ist, das zu zerbrechen droht, wenn seine kulturellen Voraussetzungen erodieren. Und eine dieser Voraussetzungen ist eben der Glaube an die Unveräußerlichkeit der Würde jedes einzelnen Menschen. Kulturgeschichtlich wurzelt dieser Glaube im Christentum; in der Philosophie der Aufklärung wurden für diesen Glauben aber auch dezidiert nichttheologische Begründungen formuliert, in Deutschland etwa durch Immanuel Kant (1724–1804) in seiner weltberühmten »Grundlegung zur Metaphysik der Sitten« von 1785. Es ist fraglich, wie tragfähig heute der gesellschaftliche Konsens, etwa zu den Werten des Grundgesetzes, wäre, wenn es wirklich darauf ankommt. Moralische Gewissheiten werden in unseren zeitgenössischen Diskursen jedenfalls nicht weniger in Zweifel gezogen als theologische Wahrheiten. Für mich ist es in diesem Zusammenhang ein alarmierendes Zeichen, wie vor allem im Hinblick auf den Beginn als auch das Ende des menschlichen Lebens die Würde und das Lebensrecht allen menschlichen Lebens vom Zeitpunkt der Empfängnis bis zum Tod zunehmend zur Disposition gestellt werden.

Aber ich bin kein Kulturpessimist. Ich glaube an die Aufrichtigkeit der großen Mehrheit der Menschen, die ernsthaft um Antworten ringen, wenn sie nach dem Sinn und dem Sollen ihres Lebens fragen. Und ich glaube vor allem an die Großartigkeit der Botschaft des Evangeliums. Wir dürfen nicht resignieren, sondern müssen mutig und beherzt diese Botschaft verkünden. Denn, um noch einmal diesen Satz Kettelers aus dem Jahr 1848 zu zitieren, »wie die Religion der Freiheit bedarf, so bedarf auch die Freiheit der Religion« (SWB I/1, 18).

Das ist auch gemeint, wenn Papst Benedikt XVI. immer wieder von der notwendigen Korrelationalität von Vernunft und Glaube spricht, so zum Beispiel in seiner Sozialenzyklika: »Die Vernunft bedarf stets der Reinigung durch den Glauben, und dies gilt auch für die politische Vernunft, die sich nicht für allmächtig halten darf. Die Religion bedarf ihrerseits stets der Reinigung durch die Vernunft, um ihr echtes menschliches Antlitz zu zeigen« (Caritas in veritate 56).

FREIHEIT, AUTORITÄT UND KIRCHE (1862)

FORTSCHRITT, AUFKLÄRUNG, FREIHEIT, BRÜDERLICHKEIT, GLEICHHEIT – *Alle diese Worte sind und werden ohne Unterlass gebraucht und missbraucht; sie haben daher bei vielen einen bösen Klang. Dennoch haben sie einen wahren, göttlichen Kern in sich, wie sehr auch Menschen ihn mit Trug und Wahn umhüllt haben. Sie schließen Ideen ein, welche die höchste Aufgabe der Menschen bezeichnen, den erhabensten Wahrheiten des Christentums entsprechen. Es ist aber stets ein verkehrtes Verfahren, den Missbrauch einer an sich wahren und gerechten*

Sache dadurch zu bekämpfen, dass man die Sache selbst von sich stößt, während vielmehr der Missbrauch durch den rechten Gebrauch überwunden werden muss. (SWB I/1, 228)

Kein Wort wird mehr gebraucht, keines aber auch mehr missbraucht als das Wort »Freiheit«. Es liegt in ihm ein wunderbarer Zauber, der immer und überall im Stande ist, die Menschenherzen zu entzünden. Mag die Bildung der Menschen hoch oder niedrig stehen — wo ein Menschenherz schlägt, empfindet es diesen Zauber. Die Macht dieses Wortes kommt aber nicht von außen, sondern von dem tiefsten, innersten Bedürfnis der menschlichen Seele her. Mit dem wahren Sinne dieses Wortes hängt die höchste Würde des Menschen, der gnadenreichste Plan der göttlichen Vorsehung innig zusammen. (SWB I/1, 232)

Nur beim Menschen kann auf Erden von Freiheit die Rede sein, alles andere in der Natur ist unfrei. Das Christentum erklärt uns diese Erscheinung. Die Freiheit des Menschen ist ein Ausfluss seiner Gottähnlichkeit, ein Abglanz des göttlichen Wesens in der Menschenseele. Daraus ergibt sich, dass die Freiheit des Menschen Ähnlichkeit mit der Freiheit hat, die in Gott ist, aber auch von ihr wesentlich verschieden sein muss.

Die Freiheit Gottes ist, wie das Wesen Gottes, unbedingt und unbeschränkt: Er allein hat die höchste, wahre Souveränität. Sein Leben, sein Wollen, sein

Tun ist nur durch ihn selbst bestimmt. Seine Freiheit nach außen ist eine unendliche Wahlfreiheit. An dieser Freiheit nimmt nun der Mensch in einer gewissen Ähnlichkeit Anteil, aber nur insoweit es seine geschöpfliche Natur zulässt.

Die Freiheit des Menschen kann folglich nie eine unbeschränkte sein; sie ist vielmehr notwendig mit der Pflicht verbunden, sich dem göttlichen Willen frei zu unterwerfen. Gott steckt ihr gewisse Grenzen, die sie nicht überschreiten darf, damit seine heiligen Pläne nicht von dem empörten Menschenwillen vereitelt werden.

Die Freiheit des Menschen bezieht sich auch nicht auf alle Bestimmungen seines Daseins; vieles ist ihr teilweise, vieles ganz entzogen. Seine Geburt, sein Tod, seine wichtigsten Lebensverhältnisse sind von seinem Willen unabhängig. Auch die Hauptbestimmung seines Daseins ist seiner freien Wahl entzogen; mit derselben Notwendigkeit, mit der er das Dasein hat, muss er nach Glückseligkeit streben. Die Freiheit des Menschen bezieht sich vielmehr hauptsächlich auf die freie Wahl der Mittel, durch die er die Glückseligkeit zu erlangen sucht. (SWB I/1, 233)

Die sittliche Freiheit auf Erden besteht nach der Lehre der katholischen Kirche in der inneren, freien Selbstbestimmung des Menschen zum Guten, verbunden mit freier Wahl und insbesondere mit der Möglichkeit der Wahl des Bösen. Dieser Begriff schließt also erstens allen äußeren Zwang aus, der den Menschen bloß äu-

ßerlich zum Guten antreibt; er schließt zweitens *auch jede innere Notwendigkeit aus, kraft welcher der Wille zwar nicht von außen, aber durch eine innere Nötigung bestimmt würde, dieses oder jenes zu wollen, ohne die Möglichkeit zu haben, es auch nicht zu wollen, weshalb sittlich frei nicht gleichbedeutend mit freiwillig ist; und er setzt* drittens *für die Dauer unseres irdischen Lebens auch die Möglichkeit des Bösen voraus, was die Bedingung unseres Verdienstes und somit der Erfüllung der Aufgabe unserer Bestimmung auf Erden ist, wo wir uns den Himmel verdienen sollen.*

Auf diesen erhabenen, die Würde des Menschen so hoch stellenden Begriff von Freiheit hat nun die katholische Kirche ihr ganzes Lehrgebäude von dem christlichen Leben aufgeführt. (SWB I/1, 234)

Mit dieser Lehre in Verbindung steht dann die andere über das Gewissen des Menschen, wo abermals, ich möchte sagen, die hohe Ehrfurcht, welche die Kirche vor diesem Heiligtum des Menschen, nämlich der inneren Freiheit hat, so leuchtend hervortritt. Das Gewissen ist, nach katholischer Lehre, das innere Urteil, wodurch der Mensch nach reifer Überlegung das, was er innerlich für wahr und recht erkennt, auf sein Leben, auf seine Handlungen anwendet und nach welchem er dann zur Ausführung schreitet. Dieser wunderbaren inneren Seelentätigkeit – in welcher der Mensch gleichsam über sich und über die ganze Welt zu Gericht sitzt und, nur in unvergleichlich höherer und allgemeinerer Weise, dasselbe tut, was in ihren beschränkten Kreisen, für ihr Gebiet, menschliche Gerichtshöfe vollbringen – legt die Kirche eine so hohe Selbständigkeit bei, dass sie schon dem Kind, das sie erzieht, als ein göttliches Gebot verkündet: Alles, was gegen dein Gewissen ist, es mag kommen von außen, woher es will, ist Sünde, *und du musst bereit sein, lieber zu sterben als je in deinem Leben gegen dein Gewissen zu handeln. Dabei anerkennt freilich die Kirche, dass es auch ein irriges Gewissen geben kann, und sie hört deswegen nicht auf, daran zu erinnern, welch' ein Verderben aus dem selbstverschuldeten Irrtum des Gewissens hervorgeht und welche Verantwortung der Mensch dadurch sich vor Gott auflädt, der einst die Akte dieses inneren Gerichtshofes der Menschen vor sein ewiges Gericht ziehen und nach dem ewigen Gesetz über sie richten wird.* (SWB I/1, 234f.)

Ebenso wie die katholische Kirche in Anerkennung der sittlichen Freiheit den Satz ausspricht: »*Was gegen das Gewissen ist, ist Sünde*«, *so lehrt sie nicht minder in Anerkennung der vernünftigen Freiheit mit dem heiligen Apostel Paulus das* rationabile obsequium, *den vernünftigen Gehorsam des Glaubens – und das ist wieder eine Freiheit des menschlichen Geistes, und zwar auf dem zweiten Hauptgebiet seines geistigen Lebens, nämlich der Erkenntnis der Wahrheit. Wie die katholische Kirche das sittlich Gute wesentlich in die innere freie Wahl setzt, so fordert sie für jede Wahrheitserkenntnis, die des Menschen würdig ist, die freie* innere Zustimmung der Vernunft. Die Beweggründe zum sittlich Guten wie zum vernünftig Wahren, die Wurzeln, aus denen Moralität und Wahrheitserkenntnis entspringen, dürfen nicht bloß außer dem Menschen liegen; sie müssen zugleich aus seinem eigensten inneren Wesen hervorgehen. Wie man ein Haus nicht bauen kann auf einem fremden Fundament, so kann man wahre menschliche Sittlichkeit nicht bauen auf einen fremden Willen, wahre eigene Überzeugung auf einen fremden Gedanken. Mag der fremde Wille noch so gut, der fremde Gedanke noch so wahr sein – er muss erst Wille und Gedanke in der eigenen Seele werden, ehe er eine sittliche vernünftige Unterlage für das Wollen und Denken des einzelnen Menschen wird. Dieses wahrhaft furchtbar hohe Recht, in dem so ganz die Würde, aber auch die Gefahr in der Lage des Menschen zu Tage tritt, hat Gott sogar den Menschen sich selbst gegenüber eingeräumt – um wie viel mehr in ihrem Verhältnis zueinander. (SWB I/1, 235)

Wir können hiernach den christlichen Glauben bestimmen als die unter dem Einfluss der göttlichen Gnade stattfindende Zustimmung des freien Willens und des Verstandes zu den von Gott geoffenbarten Wahrheiten. Der Glaube ist also ein Geschenk der Gnade, insofern erstens der Gegenstand desselben Wahrheiten sind, die Gott uns durch die Propheten des alten Bundes und zuletzt durch seinen Sohn kundgegeben hat, und insofern zweitens die Glaubenserkenntnis unter dem Einfluss der väterlichen göttlichen Vorsehung, einer von ihr ausgehenden inneren Anregung, Erleuchtung und Stärkung des menschlichen Geistes stattfindet. Wie der Arzt das kranke und schwache Auge heilt und stärkt, so heilt, stärkt und erleuchtet Gott in seiner Liebe das kranke und schwache Auge der Vernunft, damit es die göttlichen Wahrheiten der Offenbarung erkenne und anerkenne. Das ist die eine Seite der Glaubenserkenntnis, die Tat Gottes. Ihr muss aber entsprechen die andere, die freie Tat des Menschen, der menschlichen Seele mit allen ihren Kräften, die sich freudig und jubelnd dem offenbarenden Gotte hingibt und mit unendlichem Dank Gott preist, dass er sie von ihrer hinfälligen Ohnmacht erlöst hat. Beide Taten zusammen bilden dann jenes Wunder in der Geschichte der Menschheit, jenen starken, festen Glauben, jene heilige Überzeugung, die alle bloß menschliche Überzeugung weit übertrifft und die zahllosen Märtyrer des Glaubens hervorgerufen hat.

In dieser doppelten Freiheit, der sittlichen und der vernünftigen, besteht nun eigentlich das Wesen der menschlichen Freiheit. Wer sie hat, besitzt die wahre Menschenwürde, wenn ihm auch alle anderen Freiheiten fehlen sollten. Wer sie nicht hat, der entbehrt der Menschenwürde, wenn er auch im Besitze aller anderen Freiheiten und dazu aller menschlichen Ehren ist. Der Missbrauch dieser Doppelfreiheit besteht für den Willen in der Wahl des Bösen, für die Vernunft in der Wahl der Lüge. Dieser Missbrauch führt dann zur tiefsten Erniedrigung des Menschen, wenn nämlich der Mensch endlich mit jenem Willen, den er frei dem höchsten Gut unterwerfen soll, ein Sklave schlechter Leidenschaften, und mit jener Vernunft, mit der er das ewige Licht erkennen soll, ein Sklave der Lüge und der Finsternis wird. (SWB I/1, 236f.)

Der moderne Liberalismus steht seiner innerlichsten Natur nach ganz auf der Seite der Allregiererei und ist durchaus Geisteskind und Erbe der absolutistischen Monarchie und Bürokratie der verflossenen Jahrhunderte. [...]

Sein erster Charakterzug ist: der falsche, moderne Liberalismus redet viel von Freiheit; er gibt sich das Ansehen, ausschließlich Träger der Freiheit zu sein und die Mission zu haben, wahre Freiheit auf Erden zu verbreiten. Mit diesem Schein berauscht und verführt er die Völker. Wer zu ihm hält, wird als Held der Freiheit und Freund des Volkes dargestellt; wer ihm widerspricht, als Reaktionär, als eigennütziger, charakterloser Knecht der Gewalt, als Feind des Volkes. Das alles aber ist leerer Schein und Unwahrheit. Der moderne Liberalismus kennt nicht einmal den wahren Sinn der Freiheit, ist im Grunde ihr volles Gegenteil und führt notwendig zur Erniedrigung und zur Knechtschaft des Volkes. [...]

Der moderne Liberalismus kann zwar bei seinem vielen Reden über Freiheit nicht umhin, hie und da auch über einzelne Rechte schöne Reden zu halten, insbesondere über solche, die ihm zu seinem Zwecke dienen, z. B. Pressefreiheit und Vereinsfreiheit; er fällt aber unfehlbar immer wieder in seine eigentliche Natur zurück und macht sich dann nichts daraus, selbst die Gewissensfreiheit aufs Tiefste zu verletzen. [...]

Der zweite Charakter des modernen Liberalismus ist: Er redet ohne Unterlass vom Volk und behauptet, alles in seinem Namen zu tun. Der Staat soll nach seiner Lehre Darstellung der Majestät des Volkes, das Staatsgesetz Ausdruck des Volkswillens, die Staatsgewalt Vollziehung dieses Willens sein. Nach seinem Benehmen müsste man glauben, dass er allein auf Erden das Volk liebe, für dasselbe sorge und kämpfe. Aber auch das ist wieder eitel Lug und Trug. [...] Das Mittel aber, um dieses Trugsystem durchzuführen, sind die Wahlen. Man lässt das Volk hie und da an einem Wahlakt sich beteiligen, und dann bringt man ihm die Meinung bei, dass deshalb nun alles nach seinem Willen geschehe. Wir müssen aber dieses System eingehender betrachten.

Wenn der moderne Liberalismus ehrlich und konsequent wäre, so müsste er, trotz seiner irrigen Grundsätze, doch das Prinzip der Selbstverwaltung und Selbstbestimmung anerkennen, und dann ließe sich wenigstens mit ihm noch friedlich in einem Staat nebeneinander leben. Wenn nämlich jede Gewalt im Staate vom Volke herkommt, so sind folglich alle die einzelnen Individuen, aus denen das Volk besteht, die eigentlichen persönlichen Träger und Inhaber der Gewalt im Staate. Die Staatsgewalt, sowohl die gesetzgebende als die vollziehende, käme dann durch eine Vollmachtsgebung von Seiten des Volkes zustande. In diesem Fall fordert aber Vernunft und Wahrheit, dass dem Volk das Recht zustehen muss, auch eine beschränkte Vollmacht auszustellen, und dass es ihm überlassen bleiben muss, das, was es selbst tun kann, in seinem Hause, in seiner Gemeinde, in seiner Heimat, auch selbst zu besorgen und zu vollbringen. Das verträgt sich dann freilich in keiner Weise mit dem Prinzip der zentralisierenden Staatsgewalt, und es bliebe dieser nur ein beschränkter, enger, natürlicher Kreis. So versteht aber der moderne Liberalismus die Sache nicht. Dann hätte ja das Vielregieren und die Fabrikation der Gesetze bald ein Ende. [...]

Der dritte Charakter des modernen falschen Liberalismus ist seine Gottlosigkeit, sein Hass insbesondere gegen das positive Christentum, namentlich gegen die katholische Kirche und alle, die ihr treu anhängen. Er ist von namenlosem Respekt erfüllt vor jeder ungläubigen Zeitrichtung, von namenlosem Abscheu vor allem, was echt und wahrhaft christlich ist. In den Versammlungen, wo der moderne Liberalismus herrscht, darf ein positiv christliches Wort gar nicht mehr ausgesprochen werden. Mir ist ein Land bekannt, wo ein gutes, treues, christliches Volk in allen Tälern und in allen Gauen wohnt, wo, wenn man die Herzen des ganzen Volkes prüfen könnte, auf zehn Ungläubige immer neunzig treue, wahre Christen treffen würden und wo dennoch in den Kammern das, was in allen diesen christlichen Herzen lebt und webt, nicht ausgesprochen werden darf, ohne allgemeinen Hohn hervorzurufen. Das nennt der moderne Liberalismus Volksvertretung. (SWB I/1, 280–283)

Die Annahme des christlichen Glaubens, die vor Gott die größte Pflicht des Menschen ist, ist den Menschen gegenüber Sache des freien Willens, der freien Selbstbestimmung, und niemand darf dazu in irgendeiner Weise – ullo modo –, wie der hl. Thomas sagt, durch Anwendung äußerer Mittel gezwungen werden. (SWB I/1, 301)

Die geistige Gewalt der Kirche, die auf der Einsetzung Jesu Christi beruht, erstreckt sich nur auf ihre Glieder, und zwar in dem Umfange, wie Christus es ihr übertragen hat. Die Nichtgetauften, Nichtchristen sind ihrer Jurisdiktion nicht unterworfen. Diesen gegenüber hat sie nur das Recht: allen Geschöpfen das Evangelium zu predigen und sie bei ihrem Seelenheile aufzufordern, in die Kirche einzutreten; sie hat aber nicht die rechtmäßige Autorität, diesen Eintritt (direkt oder indirekt) äußerlich selbst zu erzwingen oder andern diesen Zwang selbst zu befehlen. [...]

Nach diesen Grundsätzen gewährt also die Kirche den Ungläubigen in vollem Maße die Religionsfreiheit [...]. Die Kirche ehrt so sehr Gewissensfreiheit und Religionsfreiheit, dass sie jeden äußern Zwang auf jene, die ihr nicht angehören, als unsittlich und vollkommen unstatthaft abweist. Zugleich aber zieht sie ganz bestimmte scharfe Grenzen, wo nämlich Religionsfreiheit die sittlichen Güter der Menschen bedrohen würde. Auch die sittliche Freiheit hat ihre Grenzen, wo sie nämlich zum Verbrechen wird, das die Gesellschaft gefährdet. So muss auch Religionsfreiheit ihre Gren-

zen haben, nicht nur, wenn sie den Staat selbst erschüttert, sondern auch, wenn sie das Recht aller auf die höchsten sittlichen Güter verletzt. Das aber ist der Fall, wenn man, wie es jetzt geschieht, sich Sekten bilden lässt, welche unter dem Deckmantel der Religion den ewigen Herrn des Himmels leugnen, den unsittlichsten Materialismus befördern und damit die Auflösung aller sittlichen Grundlagen der menschlichen Gesellschaft, so viel an ihnen liegt, herbeiführen. Eine solche Religionsfreiheit ist wahrhaft ein unsittlicher und unvernünftiger Gräuel, auf den Gott nur seinen Fluch legen kann; und Staaten, die ihn dulden, müssen daran zugrunde gehen. (SWB I/1, 302f.)

Unter der Freiheit der Kirche verstehen wir das Recht der Kirche, ihre eigenen Angelegenheiten nach ihren Grundsätzen selbst zu verwalten und dabei nur den allgemeinen Staatsgesetzen unterworfen zu sein.

Wir unterscheiden also zwischen Kirchenfreiheit und Privilegien. Die Kirche besaß in früherer Zeit mancherlei Privilegien, die sich aus der Einheit des Glaubens ganz von selbst ergaben. Sie sind bei uns so gut wie alle geschwunden. Die Kirche kann auch ohne solche Privilegien bestehen. [...]

Wir unterscheiden ferner zwischen Kirchenfreiheit und Unabhängigkeit vom Staat. Die Kirche verlangt in den Angelegenheiten, die der Staatsgewalt als solcher zukommen, ihrer Natur und ihrem Wesen nach, keine Unabhängigkeit vom Staat. Sie leistet dem Staat und seinen Gesetzen, und zwar nicht bloß äußerlich, sondern auch von Gewissens wegen Gehorsam und verpflichtet dazu ihre Glieder; sie erfüllt alle bürgerlichen Pflichten und zahlt ihre Steuern usw. Sie fordert nur, dass der Staat seine Grenzen nicht überschreite und nicht in ihr Gebiet feindlich und gewalttätig eingreife. (SWB I/1, 312f.)

Gegen die bisherige Auseinandersetzung wird man zwei Einwürfe erheben. Man wird erstens sagen: »Du redest da von freiem Denken, freier Überzeugung, freier Selbstbestimmung zur Wahrheit. Davon kann aber eben bei euch Katholiken keine Rede sein. Ihr müsst ja glauben, was euch die Kirche befiehlt, oder vielmehr, was euch die Bischöfe oder Priester sagen. Mag euer vernünftiges Denken damit übereinstimmen oder nicht: Ihr müsst es glauben. Ihr seid an die Autorität eurer Kirche gebunden wie an eine Kette. Wenn die Wissenschaft rastlos fortschreitet von einer Erkenntnis zur anderen, liegt ihr gebunden an derselben Stelle und könnt nicht mit ihr weiter eilen. Ihr dürft nicht denken, nur gehorchen. Gott weiß, was die Priester noch alles erfinden werden! – ihr müsst es glauben.«

Man wird zweitens sagen: »Du forderst Selbstverwaltung. Aber davon kann ja bei euch noch weniger die Rede sein; das ist ja vielmehr unsere Forderung. Wir fordern Selbstverwaltung für das Volk, für die Gemeinde; du nur für die Priester. Das ist aber keine Selbstverwaltung, sondern Bevormundung und Priesterherrschaft.«

Um die innere Unwahrheit dieser Behauptungen zu erkennen und ihnen wirksam entgegentreten zu können, müssen wir das Wesen der kirchlichen Autorität darstellen und dann den Standpunkt bezeichnen, von dem aus diese Vorwürfe gemacht werden.

1) In der Kirche besteht eine doppelte Autorität: die Lehr- und die Regierungsautorität, welche letztere wir die Hirtengewalt nennen. Sie bezieht sich also auf die beiden Grundkräfte der Seele, auf die Vernunft und den Willen des Menschen, sie nimmt von beiden Gehorsam in Anspruch; die Lehrautoritat den Gehorsam der Vernunft durch den Glauben, die Hirtengewalt den Gehorsam des Willens durch die Übung der Tugenden des christlichen Lebens.

2) Beide Autoritäten sind durch feste Grenzen beschränkt. Die Lehr-Autorität der Kirche bezieht sich ausschließlich nur auf die Lehre Christi und der Apostel. Christus hat sich nicht über alle Gebiete menschlicher Erkenntnis und Wissenschaft ausgesprochen, sondern er hat sich darauf beschränkt, einen gewissen Kreis von Grundwahrheiten, insbesondere über das Verhältnis der Menschen zu Gott, zu lehren, die ihnen gewissermaßen als Leitsterne auf allen Wegen ihres irdischen Lebens dienen sollten. Die Apostel haben diese Grundsätze in der ganzen Welt gepredigt, und sind diese Grundwahrheiten des Christentums ihrem wesentlichen Inhalt nach in den zwölf Artikeln des apostolischen Glaubensbekenntnisses kurz zusammengefasst; diese zwölf Artikel bilden heute noch in allen Lehrbüchern der katholischen Religion den wesent-

lichen Inhalt dessen, was der Christ im Gehorsam gegen die Lehrautorität glauben muss. Alles andere auf allen Gebieten der Wissenschaft ist seiner freiesten Forschung überlassen.

Ebenso ist es mit der Hirtengewalt in der Kirche. Sie hat ihr ganz bestimmtes Maß und ihre Schranken in der Anordnung Jesu Christi und bezieht sich hauptsächlich darauf, die Einrichtung der Kirche selbst, wie Christus sie gestiftet, aufrechtzuerhalten, die Sakramente zu spenden und ihre Glieder zur Übung der Pflichten des christlichen Lebens anzuhalten. Die ganze natürliche Ordnung ist von ihrer Disposition unabhängig, und in jedem wissenschaftlichen Werk über diesen Gegenstand findet man den in der Kirche unbestrittenen Satz, dass auch die höchste kirchliche Gewalt von den Pflichten des natürlichen und göttlichen Gesetzes nicht entbinden kann. Die Kirche ist überall und immer von dem Gedanken erfüllt, dass zwischen ihr und allen Gesetzen der natürlichen Ordnung, weil beide Werke eines Gottes, der einen göttlichen Vernunft sind, kein Widerspruch, sondern vollendeter Einklang besteht.

3) Das Wesen dieser Autorität bringt es mit sich, dass sie sich durch geistige Mittel geltend macht; sie wendet sich ohne Unterlass an die Vernunft des Menschen und an seinen freien Willen und fordert diese beiden Seelenkräfte auf, sich freiwillig ihr zu unterwerfen und dadurch Gott die Ehre zu geben, die ihm, dem Menschen, seinem Verstand und seinem Willen gegenüber gebührt.

4) Die Anerkennung irgendeiner Autorität auf Seiten des Menschen setzt, wie wir bereits früher gesehen haben, im Allgemeinen voraus das Dasein einer übernatürlichen Ordnung, einer Wahrheit und eines Gesetzes, die höher stehen als der menschliche Geist und der menschliche Wille, also insbesondere das Dasein eines persönlichen Gottes, in dem die ewige Wahrheit und das ewige Gesetz wesentlich ruht.

Die Anerkennung der Autorität in der Kirche aber setzt im Besonderen voraus: 1) die Gottheit Jesu Christi, 2) die Stiftung der Kirche durch Christus, 3) eine von Christus in der Kirche angeordnete Autorität, zu lehren und zu regieren, verbunden mit der Verheißung, dass die Kirche in Übung der Lehrautorität nicht irren könne. [...]

5) Wir Katholiken sind nun von dem Vorhandensein dieser Voraussetzungen mit der tiefsten Innerlichkeit unserer Seele und aus den allervernünftigsten Gründen überzeugt, und darauf gründen wir unseren Glauben, unseren Gehorsam gegen die Autorität der Kirche. [...]

Wenn auch Menschen, die Apostel des Herrn und ihre Nachfolger, diese Gewalt üben, so glauben wir nicht, dass sie deshalb irgendeine willkürliche Macht über sie haben. Sie tragen nur die Bundeslade auf ihren Händen; deshalb ist aber die Bundeslade nicht ihr Werk, deshalb sind die Worte Gottes und das Gebot Gottes in der Bundeslade nicht ihr Wort und ihr Gesetz. Das Wort, das sie tragen, müssen sie selbst zuerst glauben, das Gesetz, das sie verkünden, müssen sie *selbst zuerst im Gehorsam befolgen. Weil wir so denken und von dieser Überzeugung erfüllt sind, deshalb unterwerfen wir uns der kirchlichen Lehr- und Regierungsautorität mit tiefster innerlicher Freudigkeit und Selbstbestimmung. Dabei bleiben wir aber noch nicht stehen. Die Kirche, die uns lehrt, dass die Autorität, die sie übt, eine vernünftige sei, fordert uns auf, auch unsere Vernunft fortwährend zu gebrauchen und sie auszubilden. Ebendadurch aber wächst die Innerlichkeit und Freudigkeit unserer Überzeugung. Denn je tiefer wir eindringen in die Geschichte, in die Natur und in unsere Seele, desto mehr erkennen wir, wie göttlich unser Glaube ist. [...]* (SWB I/1, 319–321)

Einsatz für die Armen und Schwachen

Jesus hat sich besonders um die Armen geküm-
mert. Und so ist es auch die Aufgabe der Kirche,
sich in seiner Nachfolge vor allem den Ausgegrenzten und Benachteiligten zuzuwenden. In
Christus, seiner Geburt, seinem Leben, seinem
Sterben und seiner Auferstehung ist die Liebe Gottes zu den Menschen konkret geworden. Und deshalb dürfen wir Christen von Nächstenliebe nicht
nur abstrakt sprechen, sondern müssen sie in unserem Alltag konkret machen. Natürlich ist es unsere Aufgabe, die befreiende Botschaft von der Liebe Gottes allen Menschen zu verkünden. Ein
besonders eindrückliches Zeichen dieser christlichen Botschaft war immer und ist weiterhin die
liebende Zuwendung zu den Armen und Schwachen. In der Theologie und der Sozialverkündigung der Kirche nennen wir das die »vorrangige
Option für die Armen«.

Wenn wir dem gerecht werden wollen, ist es
aber nicht allein damit getan, den Notleidenden
Trost zu spenden und dem Einzelnen materielle
Hilfe zu geben. Die verschiedenen Formen karita-
tiver Einrichtungen, wie zum Beispiel Kleiderkam-
mern oder Suppenküchen, in denen tausende
ehrenamtliche Helfer Tag für Tag unmittelbar helfen, sind wichtig und ein großartiges Zeichen der
christlichen Nächstenliebe. Zudem hat die Option
für die Armen auch einen politischen Auftrag.

Es geht darum, den sozialen Ursachen von Armut, Diskriminierung und Ausgrenzung auf den Grund zu gehen und sich politisch für mehr Gerechtigkeit einzusetzen. Es geht darum, im politischen Streit der Parteien und Interessengruppen denen eine Stimme zu geben, die im Schatten der Gesellschaft stehen und die mit ihren Sorgen und Anliegen allzu oft nicht ernst genommen werden. Es geht immer um Gesinnungs- und um Strukturreform, wie man das in der Tradition der Katholischen Soziallehre nennt.

Im 19. Jahrhundert waren vor allem die Arbeiter in den rasch wachsenden Industriebezirken der Städte die Armen und Ausgegrenzten. Für die Zeitgenossen der Industrialisierung war es nicht leicht, die strukturellen Ursachen der sozialen Ausgrenzung der Arbeiterschaft zu erkennen. Denn Armut war bereits in der vorindustriellen Gesellschaft ein weit verbreitetes Dauerproblem. Erst allmählich wurde klar, dass hier soziale Probleme und gesellschaftlicher Konfliktstoff ganz neuer Art entstanden.

Im Raum der Kirche war Wilhelm Emmanuel von Ketteler einer der Ersten, die sich sozialwissenschaftlich mit der Analyse der Arbeiterfrage beschäftigten. Er studierte dafür eingehend die volkswirtschaftlichen Theorien seiner Zeit. Manche dieser Theorien sind heute überholt, so zum Beispiel die von dem Sozialdemokraten Ferdinand Lassalle formulierte und von Ketteler in seinem Buch von 1864 vertretene Theorie des »ehernen Lohngesetzes«. Demnach schwankt der Arbeitslohn unter den Bedingungen vollständiger Konkurrenz auf dem Arbeitsmarkt stets um das Existenzminimum. Diese Annahme stand zu Kettelers Lebzeiten in Einklang mit der herrschenden Meinung innerhalb der Volkswirtschaftslehre, ist heute aber widerlegt. Manche sehr skeptische Äußerung Kettelers gegenüber der Marktwirtschaft erklärt sich daher, dass das Verständnis wirtschaftlicher Vorgänge damals noch nicht sehr fortgeschritten war. Die Volkswirtschaftslehre war noch eine vergleichsweise junge Wissenschaft. Sie war im Grunde erst 1776 begründet worden mit dem Buch »Der Wohlstand der Nationen« des schottischen Moralphilosophen Adam Smith.

Auch wenn wir die Sozialkritik, die wirtschafts- und sozialpolitischen Stellungnahmen Kettelers lesen, müssen wir das in den Kontext seiner Zeit stellen. Seine Aussagen sind nicht unantastbar, und man darf auch nicht annehmen, dass seine damaligen Antworten genau auf unsere heutigen Probleme passen. Trotzdem können wir von ihm lernen: Er mahnt daran, dass wir zur Solidarität mit den Armen und Schwachen in der Gesellschaft aufgerufen sind, und zwar nicht nur zur Solidarität in der persönlichen Begegnung, sondern auch in unserem Einsatz für soziale Gerechtigkeit. Wir können nicht das Paradies auf Erden schaffen, aber wir dürfen uns auch nicht mit dem je gegebenen Zustand zufrieden geben. Das Unglück und Elend schon eines einzigen Menschen, und erst recht so vieler Menschen nah und fern, ist Grund genug, zu handeln. Die Frohe Botschaft, dass in Jesus Christus Gott Mensch geworden ist und dass in ihm das Reich Gottes für alle Menschen bereits angebrochen ist, verkündigen wir durch unser Handeln! Unser Einsatz für soziale Gerechtigkeit ist auch Ausdruck jener eschatologischen Spannung zwischen dem »schon jetzt« und »noch nicht« der Erlösung, in der wir als Kirche bis zum Ende dieser Welt stehen.

Wir können von Ketteler auch lernen, dass sich dieser geforderte Einsatz für soziale Gerechtigkeit nicht in bloßer Opposition gegen die sozialen Zustände erschöpfen darf. Wer immer bloß die Verfallenheit und Verkommenheit der Welt beklagt, die Macht- und Profitgier der Menschen, folgt einem allzu primitiven, vorurteilsbehafteten Analysemuster und missachtet genau jene eschatologische Spannung, von der gerade die Rede war. Verantwortliche Sozialkritik gründet in einer angemessenen sozialwissenschaftlichen Analyse und fragt nach realistischen politischen Lösungen.

Wie das aussehen kann, zeigen die Texte Kettelers in diesem Kapitel. Sein Ausgangspunkt ist die Arbeiterfrage. Nicht alle seine Analysen und Verbesserungsvorschläge sind heute noch haltbar, von einzelnen Elementen hat Ketteler selbst zu Lebzeiten noch Abstand genommen. Aber was er zum Wert und zur Würde der menschlichen Arbeit sagt und zu deren Gefährdungen in einem ungezügelten Kapitalismus, das ist noch heute gültig.

Und heute stimmt auch noch, dass der Arbeitsmarkt ein Markt ganz besonderer Art ist. Auf den normalen Gütermärkten bestimmt die Nachfrage das Angebot, und zwar die Menge und den Preis des Angebots. Wenn die Bauern zu viele Kartoffeln anpflanzen, so dass das Angebot die Nachfrage der Verbraucher übersteigt, dann sinkt der Preis für die Kartoffeln. Manche Bauern werden dann lieber etwas anderes anbauen, womit sie mehr Gewinn erzielen können.

Arbeitsmärkte aber funktionieren anders. Denn Arbeit ist eben keine Ware wie jede andere! Sie ist Ausdruck der Person und eng mit ihr verbunden, deswegen bedarf es bestimmter gesetzlicher Vorkehrungen auf dem Arbeitsmarkt, die den Arbeitnehmer als strukturell schwächere Partei des Arbeitsvertrages schützen. Das reicht vom Verbot der Kinderarbeit über Arbeitsschutzmaßnahmen, Mitbestimmung und Kündigungsschutz bis zur Forderung nach einem gesetzlichen Mindestlohn. Besonders wichtig ist die Tarifautonomie, die ein der Marktwirtschaft und der Demokratie entsprechendes Mittel ist, Regelungen (z. B. Lohnfindung) auf dem Arbeitsmarkt zu treffen. Es braucht deshalb starke Gewerkschaften und starke Arbeitgeberverbände. Wo das nicht mehr gelingt, muss der Staat möglicherweise bedacht eingreifen. Über das richtige Ausmaß lässt sich freilich streiten, etwa darüber, ob ein flächendeckender gesetzlicher Mindestlohn eingeführt werden sollte oder nur ein branchenbezogener Mindestlohn, dort wo es sittenwidriges Lohndumping gibt.

Obwohl der Arbeitsmarkt ein Markt besonderer Art ist, so ist er doch – aus guten, auch moralisch guten Gründen – immer auch ein Markt und funktioniert in vielen Bereichen wie ein normaler Markt. Wer das außer Acht lässt, wird am Ende nicht mehr, sondern weniger soziale Gerechtigkeit erreichen.

DIE ARBEITERFRAGE UND DAS CHRISTENTUM, 1864

Ich habe aber nicht nur ein Recht, ich habe auch eine Pflicht, diese Angelegenheit des Arbeiterstandes mit lebhafter Teilnahme zu verfolgen, mir eine Ansicht darüber zu bilden und sie nach Umständen öffentlich auszusprechen. Mein bischöfliches Amt schließt mich davon nicht aus, sondern ist vielmehr eine besondere Verpflichtung zu dieser Tätigkeit. Als ich zum Bischof geweiht wurde, hat mir die Kirche, ehe sie mir die bischöfliche Weihe und Vollmacht erteilte, unter anderen die Frage vorgelegt: »Willst du den Armen und den Fremdlingen und allen Dürftigen im Namen des Herrn liebevoll und barmherzig sein?« – Und ich habe geantwortet: »Ich will.« Nach den Worten des göttlichen Heilands: »Wie mich der Vater gesandt hat, so sende ich euch«, ist der Bischof ein Stellvertreter Christi, und die Kirche fragt deshalb, bevor sie diese Stellvertretung einem Priester überträgt, ob er auch den Willen habe, als Christi Stellvertreter die Liebe Christi gegen alle hilfsbedürftigen Klassen der Menschen nachzuahmen. Wie könnte ich daher, nach diesem feierlichen Versprechen, bei einer Frage teilnahmslos sein, die mit den wesentlichsten Bedürfnissen einer so zahlreichen Klasse der Menschen sich beschäftigt? Die Arbeiterfrage geht mich als Bischof so nahe an als das Wohl aller meiner geliebten Diözesanen, die zum Arbeiterstande gehören, und, weit über diese enge Grenze hinaus, als das Wohl aller Arbeiter, mit denen ich durch Christus in Liebe verbunden bin. (SWB I/1, 370f.)

Ich glaube deshalb auch, diese Schrift allen in Deutschland widmen zu dürfen, die im Geist des Christentums sich mit dieser wichtigen Frage beschäftigen. Wenn auch die Trennung im Glauben eine beklagenswerte Scheidewand zwischen uns errichtet hat, die noch fortbesteht, so hat doch die christliche Liebe keine Grenzen, und überdies besitzen wir in dem einen Glauben an den Sohn Gottes noch ein festes Band, das uns zusammenhält und die Möglichkeit bietet, bezüglich des Arbeiterstandes und der Mittel, ihm zu helfen, uns vielfach freudig die Hand zu reichen. (SWB I/1, 371)

Die materielle Existenz des Arbeiterstandes, die Beschaffung aller notwendigen Lebensbedürfnisse für den Arbeiter und für seine Familie ruht mit so wenigen Ausnahmen, dass sie diese Regel nicht alterieren, auf dem Arbeiterlohne, und der Arbeiterlohn bestimmt sich in unserer Zeit nach der Lebensnotdurft im strengsten Sinne, d. h. nach dem, was der Mensch an Nahrung, Kleidung und Obdach unumgänglich notwendig bedarf, wenn nicht seine physische Existenz vernichtet werden soll. [...]

Die Evidenz dieser Sachlage macht sich uns am handgreiflichsten klar, wenn wir daran denken, dass die Arbeit bei uns durchaus eine Ware geworden ist, die daher auch allen Gesetzen der Ware unterliegt. Wie der Preis der Ware sich lediglich und allein nach dem Angebot und der Nachfrage bestimmt, so ist es auch bei dem Lohn der Arbeit. Das Gesetz für den Preis der Ware liegt zuletzt in den notwendigen Produktionskosten der Ware. Die Konkurrenz bringt es aber mit sich, dass jeder, der die Ware produziert, danach strebt, sie möglichst wohlfeil zu produzieren, um sie wohlfeiler anbieten zu können. Wenn er sie wohlfeiler anbietet, so wird er alle jene nach und nach vom Markt verdrängen, die nur für höheren Preis in derselben Güte die Ware liefern können. Hier und da wird es daher eintreten, dass auch die Ware unter ihren Produktionskosten verkauft wird, wodurch oft Geschäfte, die rückwärts gehen, ihre lebensunfähige Existenz eine Zeitlang sich erhalten. Das Ende ist dann freilich der Ruin. Alles das gilt nun auch von der Arbeit und dem Arbeiterlohn. Wie

der Preis der Ware sich bestimmt nach den Produktionskosten derselben, so bestimmt sich der Preis der Arbeit
nach den allernotwendigsten Lebensbedürfnissen des
Menschen an Nahrung, Kleidung und Wohnung. Wie
ferner der Produzent der Ware darauf ausgeht, die Produktionskosten herabzudrücken, um die Konkurrenz
siegreich bestehen zu können, so entsteht notwendig, bei
einem gewissen Überfluss an Arbeitskräften, unter den
Arbeitern, um nur das Leben zu erhalten, die Neigung,
das an sich Notwendige durch einen noch niedrigeren
Grad des Notwendigen zu überbieten. Die Arbeitgeber
stehen auf dem Weltmarkte und fragen: Wer will die Arbeit tun für den geringsten Lohn?, und die Arbeiter überbieten sich als Mindestfordernde nach dem Maß ihrer
Not. Daher kommt es denn, dass endlich, wie bei der
Ware, ab und zu auch jener schreckliche Zustand eintritt, wo diese Menschenware unter ihrem Produktions-
preis ausgeboten wird, d. h. aber für Menschen und in
menschliche Sprache übersetzt, wo der arme Arbeiter
aus Not im Angebot des Lohnes unter das Maß der aller
äußersten Lebensbedürfnisse für sich und seine Familie
herabgehen muss. Das führt dann zuletzt natürlich für
ihn und die Seinigen zur Entbehrung des Notwendigsten an Nahrung, Kleidung und Wohnung, das er sich
für diesen Lohn eintauschen muss. Die Entbehrung dieses Notwendigsten – auch nur für wenige Tage – ist aber
ein Wort voll Jammer und Elend. [...]

Es ist keine Täuschung darüber mehr möglich,
dass die ganze materielle Existenz fast des ganzen
Arbeiterstandes, also des weitaus größten Teiles

der Menschen in den modernen Staaten, die Existenz ihrer Familien, die tägliche Frage um das notwendige Brot für Mann, Frau und Kinder, allen Schwankungen des Marktes und des Warenpreises ausgesetzt ist. *Ich kenne nichts Beklagenswerteres als diese Tatsache. Welche Empfindungen muss das in diesen armen Menschen hervorrufen, die mit allem, was sie nötig haben und was sie lieben, täglich an die Zufälligkeiten des Marktpreises angewiesen sind! Das ist der Sklavenmarkt unseres liberalen Europas, zugeschnitten nach dem Muster unseres humanen, aufgeklärten, antichristlichen Liberalismus und Freimaurertums.* (SWB I/1, 377–380)

Was die Entfernung aller Handelsgrenzen für die Ware, das ist die Entfernung aller Gewerbegrenzen für den Arbeiterstand. Unbedingte und allgemeine Gewerbefreiheit muss mit mathematischer Notwendigkeit, mit derselben Konsequenz, mit der zwei mal zwei vier macht, die allgemeinste Konkurrenz unter den Arbeitern hervorrufen; die höchste Stufe der allgemeinen Konkurrenz muss aber mit derselben Notwendigkeit den Arbeiterlohn auf die unterste Stufe herabdrücken. Damit haben wir den einen Grund der Lage des Arbeiterstandes in den modernen Staaten ausgesprochen, es ist die allgemeine Gewerbefreiheit. [...] Damit will ich übrigens nicht den Zunftzwang in seiner späteren Entwicklung alleweg in Schutz nehmen und ebenso wenig alle Bestrebungen verwerfen, die eine größere Gewerbefreiheit fordern. (SWB I/1, 381–383)

Zunftzwang ist eine Beschränkung der Freiheit, der Gewerbefreiheit, repräsentiert also in gewisser Hinsicht die Autorität, die eben den Missbrauch der Freiheit verhindern und beseitigen soll. Der Zunftzwang war seiner Idee nach ein Schutz für die Arbeiter, eine Art Vertrag zwischen dem Arbeiterstand und der übrigen Gesellschaft. Nach demselben gewährte der Arbeiterstand die nötige Arbeit, die Gesellschaft aber gewährte den Arbeitern durch Beschränkung der Konkurrenz einen höheren Lohn, um ihre Lebensexistenz zu sichern und sie nicht täglichen Schwankungen auszusetzen. Wer einem anderen eine Arbeit liefert und sein Leben daran setzen muss, der hat an eine gewisse gesicherte Fortexistenz und an den Schutz, dass seine Existenz nicht täglich durch die Konkurrenz in Frage komme, ein moralisches Recht. Alle Stände haben einen solchen Schutz durch natürliche und künstliche Schranken. Warum sollte der Arbeiter ihn allein entbehren müssen? Warum sollte der Arbeiter allein täglich sein Leben lang mit dem Gedanken hinter seiner Arbeit stehen müssen: Ob ich morgen noch meinen Lohn, von dem ich mit Frau und Kindern lebe, haben werde, weiß ich nicht; vielleicht kommt morgen eine Schar hungriger Arbeiter aus einer fernen Gegend und bietet mich ab mit meiner Arbeit, und ich muss mit Frau und Kindern hungern. Der reiche Kapitalist hat in seinem Kapital einen tausendfachen Schutz für seinen Geschäftsbetrieb, die Handelsfreiheit ist in diesen Regionen von einer Seite her doch nur Schein; der Arbeiter aber soll keinen Schutz haben, deshalb wird das *zünftige Gewerbe beschimpft. Damit ist gewiss nicht gesagt, dass der Zunftzwang in seiner Entwicklung fehlerfrei gewesen sei. Die Autorität ist missbraucht worden, ohne dass deshalb die Autorität selbst verworfen werden könnte. So ist auch der Zunftzwang, weil er seine gehörige Entwicklung nicht erhalten, im hohen Grad missbraucht worden. Er hat oft der Trägheit und dem Egoismus gedient, die Ware ungebührlich verteuert und die Konsumenten durch schlechte Ware in ihrem Recht beeinträchtigt; er bedurfte deshalb einer Umgestaltung. Aber sein Prinzip war berechtigt und musste erhalten werden. Dem Zunftzwang gegenüber steht die Gewerbefreiheit in einem ähnlichen Verhältnis wie die Autorität gegenüber der Freiheit. Auch sie hat ihr Maß der Berechtigung, aber auch ihr berechtigtes Maß der Beschränkung. Der Zunftzwang in seinem Missbrauch und verknöcherten Egoismus hat den Ruf nach Gewerbefreiheit hervorgerufen. Die Gewerbefreiheit hat die Waren unermesslich vermehrt, vielfach verbessert, den ungebührlichen Preis der Ware herabgedrückt und so den weitesten Kreisen der weniger bemittelten Menschenklassen die Befriedigung mancher Lebensbedürfnisse eröffnet, von denen sie früher ausgeschlossen waren. Aber sie hat auch ihre notwendige Grenze und ihr gesetztes Maß, und wenn diese überschritten werden, so führt sie geradeso zu unseligen Konsequenzen wie der missbrauchte Zunftzwang.* (SWB I/1, 384f.)

[W]ir müssen jetzt noch einen zweiten Grund betrachten, der namentlich auf den Preis der Ware einen entscheidenden Einfluss übt, nämlich die Übermacht des Kapitals.

Diese Übermacht des Kapitals hat in Bezug auf den Arbeiterstand eine doppelte nachteilige Wirkung. Erstens vermindert sie die Zahl der selbständigen Arbeiter und vermehrt die Masse der eigentlichen Taglöhner und Lohnarbeiter. [...] Je größer das Kapital, desto mächtiger wirkt es in dieser Richtung. Wenn wir bedenken, wie massenhaft jetzt schon das Kapital in einzelnen Händen und in einzelnen Gesellschaften angewachsen ist, so müssen wir bekennen, dass die Wirkung, welche in dieser Hinsicht das Kapital in Zukunft üben wird, noch gar nicht abgesehen werden kann. Die Zahl der eigentlichen Lohnarbeiter und Taglöhner muss ins Unermessliche zunehmen, da sich die Geschäfte notwendig mehr und mehr konzentrieren werden. Die zweite Wirkung des Kapitals besteht darin, dass es in der Verbindung mit der Maschine den Preis der Ware mehr und mehr herabdrückt. Der Preis der Ware, die das Kapital mit der Maschine produziert, bestimmt sich nicht mehr nach dem Lebensunterhalt der Arbeiter, sondern nach dem Kaufpreis der Maschine und den Betriebskosten derselben, und mit diesem Warenpreis muss nun der Arbeiter konkurrieren. Er steht jetzt nicht bloß anderen Arbeitern in der allgemeinen Konkurrenz gegenüber, die, wie er, essen und trinken und schlafen müssen, sondern er steht einer Maschine gegenüber, die ohne Hunger und Schlaf, rastlos, nicht mit bloßer Menschenkraft, sondern mit vieler Pferdekraft Tag und Nacht fortarbeitet. Während die arme Näherin endlich müde niedersinkt, arbeitet die Nähmaschine mit einer Geschwindigkeit, die zahllose Hände nicht erreichen können, und doch muss sie mit dem Nähpreis sich begnügen, bei dem die Maschine noch arbeiten kann. So überall und in allen Gewerbszweigen. Auch hier sind wir erst im Beginne moderner Entwicklung. (SWB I/1, 385f.)

Die von uns bisher besprochenen Ursachen der damaligen Lage der Arbeiter sowie die Bösartigkeit der aus diesen Ursachen hervorgegangenen Wirkungen und Folgen haben ihren wesentlichen und tiefsten Grund in dem Abfall vom Geist des Christentums, der in den letzten Jahrhunderten stattgefunden hat. Weil die Geister nicht mehr von den höchsten und ewigen Wahrheiten erleuchtet sind, darum sind sie auch auf den niederen menschlichen Gebieten der politischen und sozialen Fragen falschen Prinzipien, abstrakten Einseitigkeiten und jenem liberalen Fanatismus anheimgefallen, der, ohne Verständnis für den lebendigen Organismus der Gesellschaft, wohl eine große Macht besitzt aufzulösen und zu zerstören, aber nichts erbauen kann. (SWB I/1, 430f.)

Das Christentum, wenn es dem Menschen seine Würde vor Augen stellt, sagt ihm, wenn er auch auf der untersten Stufe des menschlichen Daseins steht: Tief in deinem Innern, verborgen unter dieser äußeren elenden Hülle, die dich bekleidet, besitzt du ein Bild in deiner Seele von wunderbarer Schönheit und unendlichem Werte; einen Abglanz des ewigen, unendlichen Wesens, ein Gleichnis seiner ewigen Schönheit und Herrlichkeit. Dieses Bild in dir ist der Grund der tiefen Sehnsucht, die du auch im tiefsten Elend wie ein dir unerklärliches Heimweh in dir fühlst. Es gibt deiner Seele jene unbegreifliche Unersättlichkeit, die deine Wünsche immer weiter trägt und dich nicht ruhen lässt, wenn du auch Flügel hättest und von einem Stern zum anderen hinaufsteigen und jedes Gestirn dein eigen nennen könntest. Diese deine Würde ruht in dir, wie ein Edelstein tief im Schacht eines Gebirges, mit hohen Erdschichten bedeckt, unter allem menschlichen Elend, aller Not und Verkommenheit. Deshalb ist der Sohn Gottes vom Himmel auf die Erde herabgestiegen, weil er diesen Edelstein von unendlichem Wert tief in der Erde vergraben gesehen hat, um dieses Bild Gottes in dir aus der Sklaverei dieses irdischen Daseins zu befreien und es durch seine Lehren und seine Gnade wieder zur Herrlichkeit und Glorie der Kindschaft Gottes zu erheben. (SWB I/1, 440)

Der Arbeiter kommt zuerst in seiner Persönlichkeit, in seinen individuellen Kräften und Fähigkeiten in Betracht. Der göttliche Lehrmeister vergleicht den Menschen mit einem Verwalter, der von seinem Herrn Talente empfangen hat, der eine fünf Talente, der andere zwei Talente, der andere ein Talent. Jeder hat die

Pflicht, nach dem ganzen Umfang der ihm anvertrau-
ten Mittel sie anzuwenden und nutzbar zu machen.
Der träge Knecht aber, der das Talent unbenutzt lässt,
wird dafür endlich von seinem Herrn zur Rechen-
schaft gezogen. So hat das Christentum seit achtzehn-
hundert Jahren alle Menschen und alle Arbeiter er-
mahnt und aufgefordert, alle ihnen anvertrauten
Kräfte an Leib und Seele zu gebrauchen und anzu-
wenden. [...]

Der Arbeiter kommt aber auch in seiner Verbin-
dung mit den Mitmenschen in Betracht. Sein Leben
entfaltet sich in dieser doppelten Beziehung, in der
Entwicklung und Entfaltung seiner eigenen Kräfte
und in dem Geben und Nehmen der Hilfe bezüglich
seiner Mitmenschen. Das ist die soziale, die genossen-
schaftliche Seite seines Daseins, die ihm ebenso wesent-
lich ist als die individuelle persönliche. Nur wenn beide
Faktoren zusammenwirken, erhält der Mensch nach
dem ihm von Gott für seine Ausbildung gegebenen Ge-
setze seine volle Entwicklung. (SWB I/1, 444f.)

Nun ist aber das ganze genossenschaftliche Wesen ein
Natur- und Grundgesetz des Menschenwesens, und
das Christentum kann daher allen Bestrebungen der
Gegenwart, durch Pflege der Genossenschaften dem
Arbeiterstand zu helfen, nur die freudigste Unterstüt-
zung gewähren. Es wäre eine große Torheit, wenn wir
uns diesen Bestrebungen fremd gegenüber verhalten
wollten, weil in diesem Augenblick die Anregung zu
denselben vielfach von Männern ausgeht, die dem

Christentum entfremdet sind. *Die Luft bleibt doch Gottes Luft, wenn sie auch der Gottesleugner einatmet, und das Brot, das wir genießen, bleibt doch die von Gott uns gewährte Nahrung, wenn der Bäcker, der es backt, auch ein Gottloser ist. So geht es auch mit dem Vereinswesen; es ruht auf der göttlichen Ordnung und ist wesentlich christlich, wenn auch die Männer, die es pflegen, den göttlichen Willen nicht darin erkennen und es sogar vielfach missbrauchen.* (SWB I/1, 445)

Das Wesen der Produktiv-Assoziationen haben wir in der Teilnahme der Arbeiter am Geschäftsbetrieb selbst erkannt. Der Arbeiter ist in ihnen zugleich Geschäftsunternehmer und Arbeiter und hat daher einen doppelten Anteil an dem Einkommen, den Arbeiterlohn und seinen Anteil an dem eigentlichen Geschäftsgewinn.

Es ist nicht nötig, hier den großen Wert der Produktiv-Assoziationen für die Verbesserung der Lage des Arbeiterstandes weiter zu begründen. Wir wissen nicht, ob es jemals gelingen wird, allen Arbeitern oder auch nur dem größten Teil derselben die Vorteile dieser Genossenschaften zu bieten. Es liegt aber in ihnen eine herrliche Idee, die unsere Teilnahme und Unterstützung im allerhöchsten Grade verdient. Sie bietet, soweit sie ausführbar ist, die unmittelbarste und handgreiflichste Lösung des gestellten Problems, da sie ja außer dem durch den Marktpreis auf die niedrigste Stufe herabgedrückten Arbeiterlohn, den der Arbeiter jetzt erhält, dem Arbeiter noch eine neue Quelle des

Einkommens eröffnet. Lassalle will diesen Plan verwirklichen durch Kapitalvorschüsse aus der Staatskasse. Wir haben die Ansicht ausgesprochen, dass wir diese Hilfe wenigstens als allgemeines Prinzip, d. h. als eine Zwangspflicht für die wohlhabenden Klassen, in Weise einer aufzubringenden Steuer aus ihrem Vermögen dem Arbeiterstand die nötigen Kapitalien zu geben, für einen Eingriff in das Eigentumsrecht und eine Überschreitung der rechtmäßigen Grenzen des staatlichen Besteuerungsrechtes ansehen müssen und dass wir ferner auch die Ausführbarkeit dieser Maßregel in der Art, dass damit eine friedliche, geordnete, staatliche Entwicklung bestehen könnte, bezweifeln müssen. Der verdienstvolle Professor Huber will deshalb denselben Gedanken teils durch Anstrengung der Arbeiter selbst, teils durch freiwillige Unterstützungen verwirklichen und schlägt vor, überall in ganz kleinen Verhältnissen mit diesen Assoziationen zu beginnen. Die Schwierigkeit, die Produktiv-Assoziationen zu gründen, liegt hiernach in der Beschaffung der nötigen Kapitalien. [...]

So oft ich aber diese Verhältnisse und Schwierigkeiten überlegt habe, so oft ist auch die Zuversicht und die freudige Hoffnung in mir aufgelebt, dass die Kräfte, die im Christentum die Herzen bewegen, auch auf diesem Gebiet dem Arbeiterstand zu Hilfe eilen und die Idee der Produktiv-Assoziationen im größeren Umfang verwirklichen werden. Es gehören dazu große Kapitalien, und ich bin weit von dem Gedanken entfernt, dass sich diese Hilfe für den Arbeiterstand wie auf ein-

mal und plötzlich und überall verwirklichen werde; ich
sehe aber diese Verwirklichung wie von ferne und hoffe,
dass die Fundamente hierzu von christlichen Seelen
bald hier, bald dort in Angriff genommen werden.
(SWB I/1, 449–451)

Die Notwendigkeit staatlicher Sozialpolitik

Die Arbeiterfrage im 19. Jahrhundert stellte die Gesellschaft vor bislang unbekannte Herausforderungen und setzte gewaltige politische Suchbewegungen in Gang, die auch den Kommunismus hervorbrachten.

Bisher haben wir die ganz persönliche Suchbewegung Wilhelm Emmanuel von Kettelers nachverfolgt. Wir haben gesehen, dass er in einer ersten Phase seiner Beschäftigung mit der Arbeiterfrage deren Ursache in dem Verlust und deren Lösung in der Erneuerung christlicher Tugenden sah. Aus dieser eher konservativen Analyse resultierte allerdings bereits eine moderne Eigentumsauffassung, die später in dem Verfassungsgrundsatz »Eigentum verpflichtet« eine rechtliche Gestalt fand.

In einer zweiten Phase seines Nachdenkens über die Soziale Frage beschäftigte er sich mit der Genossenschaftsidee und sah die Lösungsperspektive in der Gründung von Produktivgenossenschaften. Auffällig und für den heutigen Leser etwas befremdlich ist, dass Ketteler zu diesem Zeitpunkt dem Staat noch keine maßgebliche Rolle bei der Lösung der Arbeiterfrage einräumen wollte. Er setzte ganz auf die Arbeiterselbsthilfe und auf die Spendenbereitschaft von Bürgern, die die Gründung solcher Genossenschaften großherzig unterstützen sollten. Diese Staatsskepsis Kettelers mag teilweise in der kirchenfeindlichen Politik vieler Parlamente und Regierungen seiner Zeit begründet gewesen sein.

Die Redeausschnitte in diesem Kapitel aus dem Jahr 1869 dokumentieren die dritte und abschließende Phase von Kettelers wirtschafts- und sozialpolitischen Überlegungen. Zu diesem Zeitpunkt hatte er die Genossenschaftsidee weiterentwickelt und unterstützte den Gedanken der in England begründeten Gewerkschaftsbewegung. Trotz seiner ablehnenden Haltung zum marxistischen Klassenkampfgedanken sprach er sich grundsätzlich für das Streikrecht der Arbeiter aus. Damit bekannte er sich sehr früh zum System der Tarifautonomie, das später ein entscheidendes Instrument zur Herstellung tatsächlicher Arbeitsvertragsfreiheit geworden ist.

Zu diesem Zeitpunkt hatte sich Kettelers Einstellung gegenüber dem Staat und staatlicher Sozialpolitik grundlegend geändert. In seinem Referat vor der Fuldaer Bischofskonferenz forderte er eine umfangreiche Arbeiterschutzgesetzgebung. Aus heutiger Sicht sind die von ihm vorgeschlagenen Maßnahmen teilweise fraglich, insgesamt jedenfalls unzureichend. Auch hierbei sollten wir die Zeitumstände bedenken: Selbst das Verbot der Kinderarbeit stieß zu Kettelers Zeiten auf erbitterten Widerstand. Reichskanzler Otto von Bismarck, unter dessen Regierung die ersten sozialpolitischen Gesetze – insbesondere zur Kranken-, Unfall- und Rentenversicherung für Arbeiter – erlassen wurden, soll nach Kettelers Tod bekannt haben: »Ohne ihn wären wir noch nicht so weit.« Man kann Ketteler insofern durchaus nicht nur als einen der Pioniere der Katholischen Soziallehre, sondern auch der deutschen Sozialpolitik bezeichnen.

Die sozialpolitischen Herausforderungen unserer Tage sind andere als im 19. Jahrhundert. Die soziale Desintegration der Arbeiterschaft ist durch ein umfangreiches Arbeits- und Sozialrecht beseitigt worden. Aus Proletariern sind Erwerbsbürger geworden. Auch wenn es immer wieder Debatten über arbeits- und sozialrechtliche Reformen gibt, wird dieser soziale Grundkonsens in unserer Gesellschaft nach wie vor von einer breiten Mehrheit der Menschen mitgetragen. Hoffentlich bleibt das so.

Für die meisten Menschen in unserer Gesellschaft bildet Erwerbsarbeit immer noch die wirtschaftliche Grundlage für ihre freie und eigenverantwortliche Lebensführung und ermöglicht ihnen gesellschaftliche Teilhabe. Insbesondere der gesellschaftliche Ausschluss, der auf verschiedenen Ebenen spürbar wird, ist eine Herausforderung. Wer seinen Arbeitsplatz verliert, darf nicht auch noch finanziell und sozial an den Rand gedrängt werden. Arbeitslosigkeit ist weit mehr als Einkommenslosigkeit, sondern bedeutet einen Verlust von sozialen Kontakten und Lebensqualität. Die Eingliederung in das Erwerbsleben bleibt deshalb das vordringliche Ziel, auf das auch die arbeitsmarkt- und sozialpolitischen Instrumente abzielen müssen. Zwar entwickelt sich der Arbeitsmarkt in Deutschland in letzter Zeit sehr erfreulich, aber geringqualifizierte Langzeitarbeitslose haben nach wie vor enorme Schwierigkeiten, auf dem regulären Arbeitsmarkt Fuß zu fassen. Arbeitslose, die ohne Aussicht auf Vermittlung bleiben, sollten auch auf einem Zweiten und Dritten Arbeitsmarkt durch Qualifizierungs- und Beschäftigungsmaßnahmen die Chance bekommen, ihre Fähigkeiten einzubringen. Die Integration möglichst vieler Menschen in Erwerbsarbeit ist ein wesentliches Kriterium für gesellschaftlichen Zusammenhalt, der uns nicht verloren gehen darf. Wir dürfen nicht akzeptieren, dass Menschen inmitten unserer Gesellschaft das Gefühl bekommen, überflüssig zu sein. Darauf hat 2011 auch die Kommission für gesellschaftliche und soziale Fragen der Deutschen Bischofskonferenz aufmerksam gemacht mit ihrem Text »Chancengerechte Gesellschaft«.

Mit Sorge verfolge ich deshalb derzeit, während ich im Juni 2011 dieses Buch fertigstelle, politische Überlegungen, gerade im Bereich der Ein-Euro-Jobs und Eingliederungsmaßnahmen für Langzeitarbeitslose die Mittel zu kürzen. Ich habe sehr große Sympathien für die Marktwirtschaft und gebe marktlichen Lösungen sozialer Probleme gerne den Vorzug gegenüber staatlichen Lösungen.

Aber es gibt eben nicht für alle Fragen marktliche Antworten, und für solche Fälle ist dann subsidiär der Staat zuständig.

Diese unverzichtbare subsidiäre Rolle des Staates ist in den letzten 20 Jahren zu sehr aus dem Blick geraten. Nach dem Zusammenbruch des Sowjetkommunismus hatte sich während der »Roaring Nineties« wieder eine nahezu unbegrenzte Marktgläubigkeit breit gemacht. Die Asienkrise und das Platzen der »Dotcom-Blase« um die Jahrtausendwende hatten keine nachhaltigen Lerneffekte. Weiterhin hingen viele der reichlich unreflektierten Ideologie eines primitiven Kapitalismus an. Es geriet aus dem Blick, dass auch eine freie Marktwirtschaft nicht sich selbst überlassen werden darf, dass sie eines starken Staates bedarf, der den Missbrauch von Informations- und Machtungleichgewichten verhindern muss. Das war die zentrale Erkenntnis der Neoliberalen bzw. Ordoliberalen, die nach dem Zweiten Weltkrieg vor allem in Deutschland, aber auch in anderen Ländern Westeuropas die Wirtschaftspolitik entscheidend prägten und die Soziale Marktwirtschaft begründeten. Mit Blick auf Deutschland sind Ludwig Erhard, Walter Eucken, Franz Böhm, Wilhelm Röpke, Alexander Rüstow und andere zu nennen. Mit diesen Klassikern des Neoliberalismus haben die in den letzten Jahren zu Recht kritisierten »Neoliberalen« unserer Tage, die noch vor Jahr und Tag einen »Staatsminimalismus« gepredigt haben, nichts zu tun.

Erst die 2008 von den USA ausgehende internationale Finanzmarkt- und Wirtschaftskrise hat zu einem neuen Nachdenken über die moralischen und ordnungspolitischen Voraussetzungen der Marktwirtschaft geführt. Hierin liegt eine echte Chance zur Erneuerung der Sozialen Marktwirtschaft. Diese wird aber nur gelingen, wenn wir uns jenseits des wirtschaftspolitischen Tagesgeschäfts auch die Zeit nehmen, uns wieder über die moralischen und institutionellen Grundlagen unseres Wirtschaftssystems zu verständigen. Nach dem Zweiten Weltkrieg waren es vor allem der Ordoliberalismus und die kirchliche Soziallehre, die das System der Sozialen Marktwirtschaft geprägt haben. Einige wichtige Ordoliberale habe ich bereits genannt; herausragende Vertreter der Katholischen Soziallehre waren etwa der Jesuit Oswald von Nell-Breuning und Joseph Höffner, der spätere Erzbischof von Köln und Kardinal. Zwischen den Ordoliberalen und den Vertretern der Katholischen Soziallehre gab es inhaltliche und persönliche Verbindungen. Ganz markant ist, dass Höffner 1940 mit einer bei Walter Eucken verfassten Arbeit zum Doktor der Volkswirtschaftslehre promoviert wurde.

Was ich zuvor über Ketteler gesagt habe, das gilt auch für die soeben genannten Klassiker des 20. Jahrhunderts: Wir dürfen nicht erwarten, bei ihnen Antworten auf alle Probleme unserer Tage zu finden. Heute stehen andere Fragen und Probleme auf der Agenda. Wir stehen vor der Herausforderung einer nicht nur sozialen, sondern auch ökologischen Marktwirtschaft. Die wirtschaftliche Globalisierung, auch die globale Dimension von ökologischen Problemen wie etwa dem Klimawandel und der Energieproblematik, drängt zu der Frage, ob wir in der Zukunft so etwas wie eine Weltordnungspolitik, eine soziale und ökologische Erneuerung der Weltwirtschaft erreichen werden. Um dieses Ziel zu erreichen, wird es nicht ausreichen, die Klassiker zu lesen. Aber vielleicht hilft uns die Lektüre der Klassiker, auch die Lektüre Kettelers, unser eigenes Nachdenken zu inspirieren.

REDE VOR ARBEITERN IN OFFENBACH, 1869

Die Grundrichtung, welche der ganzen Bewegung im Arbeiterstand ihre Bedeutung gibt und ihr eigentliches Wesen ausmacht, ist auf Verbindung, auf Vereinigung der Arbeiter gerichtet, um so mit vereinter Kraft die Interessen der Arbeiter geltend zu machen.

Diese Richtung der Arbeiter ist nun in Folge der volkswirtschaftlichen Grundsätze, die seit der Französischen Revolution zur Geltung gekommen sind und in allen Staaten die unbedingte Herrschaft mehr und mehr erlangt haben, eine wahre Naturnotwendigkeit geworden, und die Religion hat daher gegen diese Be-

strebungen an sich nichts zu erinnern; sie kann sie nur segnen, ihnen zum Heil des Arbeiterstandes Erfolg wünschen und sie unterstützen. Die unbedingte Freiheit auf allen Gebieten der Volkswirtschaft – das kann niemand leugnen, selbst der nicht, welcher sie für notwendig hält und die Überzeugung hegt, dass sie in ihrem letzten Erfolg heilsam ist –, diese unbedingte Freiheit hat zunächst den Arbeiterstand in eine ganz verzweiflungsvolle Lage gebracht. Durch Auflösung aller alten Verbindungen wurde der Arbeiter gänzlich isoliert und lediglich auf sich angewiesen. Jeder Arbeiter stand mit seiner Arbeitskraft, die sein ganzes Vermögen ausmacht, allein da. Ihm gegenüber aber stand die Geldmacht, welche in demselben Maß dem Arbeiter gefährlich wird, wie ihr Inhaber ohne Gewissen, ohne Religion ist und sie daher nur zur Befriedigung des Egoismus benutzt. Die Grundsätze der modernen Volkswirtschaft hatten die entgegengesetzte Wirkung bezüglich der Menschenkraft in dem Arbeiter und der Geldmacht in der Hand des Kapitalisten. Der Arbeiter mit seiner Kraft wurde, wie ich vorher sagte, isoliert, die Geldmacht dagegen wurde zentralisiert. Der Arbeiterstand wurde in lauter vereinzelte Arbeiter aufgelöst, wo jeder gänzlich ohnmächtig war; die Geldmacht verteilte sich aber nicht in mäßige Kapitalanteile, sondern im Gegenteil, sammelte sich zu immer größeren und übermäßigen Massen. [...] Der Menschenverband wurde zerstört, und an dessen Stelle trat der Geldverband in furchtbarer Ausdehnung. Daraus entstanden nun überall, wo sich diese Verhältnisse schrankenlos entwickeln konnten, für den Arbeiterstand die fürchterlichsten Zustände. Vor etwa vierzig Jahren war dadurch ein großer Teil des Arbeiterstandes in England in den tiefsten Sumpf des sittlichen und physischen Elends geraten.

Gegen diese Isolierung des Arbeiterstandes, gegen dieses Zertreten der Menschenkraft durch die Geldmacht ist nun von demselben England, von welchem das Verderben ausgegangen ist, der mächtige Antrieb zur Verbindung, zur Organisation der Arbeiter gegeben worden. Von dort aus hat er sich dann über den ganzen Arbeiterstand, auch über Deutschland verbreitet. Und diese Richtung, die Arbeiter zu organisieren, um mit gemeinschaftlicher Anstrengung ihre Interessen und Rechte geltend zu machen, ist daher berechtigt und heilsam, ja selbst notwendig, wenn der Arbeiterstand nicht ganz erdrückt werden soll von der Macht des zentralisierten Geldes. (SWB I/2, 409–411)

Wir wollen jetzt die einzelnen Forderungen des Arbeiterstandes, welche er durch seine Vereinigung erreichen will, ins Auge fassen. Wir werden Schritt für Schritt sehen, wie innig die Religion mit der Arbeiterfrage, mit jeder einzelnen Forderung, die der Arbeiter jetzt stellt, verbunden ist und wie Gottlosigkeit die größte Feindin des Arbeiterstandes ist.

Die erste Forderung des Arbeiterstandes ist: eine dem wahren Werte der Arbeit entsprechende Erhöhung des Arbeitslohnes.

Diese Forderung ist im Allgemeinen höchst billig; auch die Religion fordert, dass die menschliche Arbeit

nicht wie eine Ware behandelt und lediglich durch An-
und Abgebot abgeschätzt werde.

Dahin hatten es die vorhin erwähnten volkswirt-
schaftlichen Grundsätze, die von jeder Sittlichkeit
und Religion abstrahierten, gebracht. Die Arbeit wur-
de nicht nur als Ware, sondern der Mensch mit seiner
Arbeitskraft überhaupt als Maschine betrachtet. Wie
man die Maschine so billig wie möglich kauft und sie
dann Tag und Nacht ausnutzt bis zu ihrer Zerstö-
rung, so wird der Mensch mit seiner Kraft nach diesen
Systemen gebraucht. Diese Entwicklung hatte in Eng-
land bereits eine erschreckende Höhe erreicht. Dagegen
entstanden vor allem die englischen Trade-Unions,
welche bald eine sehr große Ausdehnung gewannen.
Hauptmittel der Trade-Unions gegen Kapital und ge-
gen die großen Geschäftsunternehmer waren die Stri-
kes. Man hat oft behauptet, dass diese Strikes durch
die Störung des Geschäftes und durch die Entbehrung
des Lohnes auf Seiten der Arbeiter, welche die Arbeit
einstellen, den Arbeitern mehr geschadet als genutzt
haben. Das ist aber im Ganzen und Großen unwahr.
(SWB I/2, 412f.)

Die zweite Forderung des Arbeiterstandes ist die Ver-
kürzung der Arbeitszeit. [...]

Gewiss ist es aber, dass es mit der Arbeitszeit gera-
deso gegangen ist wie mit dem Arbeiterlohn. Die
Grundsätze der modernen Volkswirtschaft, die alle sitt-
lichen und religiösen Seiten des Menschenlebens, also
das wahrhaft Menschenwürdige gänzlich außer Acht

ließ, haben es dahin gebracht, dass, wo immer das Kapital in ihren Diensten stand, nicht nur der Lohn bis zur äußersten Grenze herab geboten, sondern auch die Arbeitszeit gleichzeitig bis zur äußersten Grenze ausgedehnt wurde. Tag und Nacht, wie bei der eigentlichen Maschine, ging es nicht; aber so weit, wie es ging, wurde es dieser Menschenkraft, die im Geist dieses Systems lediglich menschliche Maschine war, zugemutet. Wo also immer die Arbeitszeit über das in der Natur und in den Rücksichten auf die Gesundheit gegründete Maß ausgedehnt ist, da haben die Arbeiter ein wohlgegründetes Recht, durch einheitliches Zusammenwirken diesen Missbrauch der Geldmacht zu bekämpfen. (SWB I/2, 415f.)

Die dritte Forderung des Arbeiterstandes ist die Gewährung von Ruhetagen.

Auch diese Forderung ist wohlberechtigt. Die Religion unterstützt euch nicht nur in dieser Forderung, sondern sie hat dieselbe lange vor euch geltend gemacht. Gott hat sie gestellt in dem Gebot: »Gedenke, dass du den Sabbat heiligest!«

Auch in dieser Hinsicht haben die Grundsätze der modernen Volkswirtschaft und die Partei, welche ihnen dient, ein wahrhaft himmelschreiendes Verbrechen am Menschengeschlechte begangen und begehen es vielfach bis auf den heutigen Tag. Daran beteiligen sich nicht nur die großen Fabrikherren, die ihre Arbeiter an Sonntagen zur Arbeit zwingen, sondern auch die Handwerker aller Art, die Güterbesitzer und die Dienstherrschaften überhaupt, welche ihren Dienstboten die Sonntagsruhe entziehen. Daran beteiligen sich auch alle jene Beamten, welche aus Feigheit vor den reichen Leuten den schutzlosen Arbeiter schutzlos lassen und nicht einmal die Gesetze zu vollstrecken wagen. Die Heuchelei, die man dabei mit sogenannten liberalen Grundsätzen trieb, ist in neuerer Zeit von einigen Führern der Arbeiterbewegung mit großer Wahrheit aufgedeckt worden. [...] So gewiss wie der Mensch innerhalb der 24 Stunden eine Anzahl Stunden Ruhe nötig hat, so hat er auch innerhalb der sieben Tage eine Tagesruhe notwendig. Das verlangt nicht nur seine Seele, damit er an diesem Tag sich als Gotteskind erkenne, das verlangt auch sein Leib, damit er gesund und kräftig bleibe. Und wie der Mensch, welcher den Arbeiter einen Tag lang gebraucht, verpflichtet ist, ihm die notwendige Nachtruhe zu lassen und danach seinen Lohn zu berechnen, so ist auch der Fabrikherr, welcher die ganze Woche die Kraft des Arbeiters gebraucht, verpflichtet, ihm die Wochenruhe zu lassen und auch danach seinen Lohn zu berechnen. Auch die Ruhezeit ist zur Arbeitszeit zu rechnen, insoweit sie der Arbeit wegen nötig geworden ist und insoweit sie die Bedingung der bevorstehenden Arbeit ist. (SWB I/2, 416f.)

Eine vierte *Forderung des Arbeiterstandes ist das Verbot der Arbeit der Kinder in den Fabriken für die Zeit, in welcher sie noch schulpflichtig sind.*

Ich kann diese Forderung nur mit Bedauern nicht als eine durchaus allgemeine des Arbeiterstandes be zeichnen, da ja leider es Arbeiter gibt, die ihre Kinder des Geldgewinnes wegen in die Fabriken schicken. Ich muss sie daher richtiger als eine Forderung einiger Stimmführer des Arbeiterstandes bezeichnen. [...]

Durch die Fabrikarbeit der Kinder wird der Familiengeist schon im Kind zerstört, was, wie wir gleich noch näher sehen werden, ohnehin die größte Gefahr des Arbeiterstandes ist. Dadurch wird überdies dem Kind jede freie Zeit zum heiteren Kinderspiel, welches so naturnotwendig zum Kindesalter gehört, geraubt. Dadurch wird ferner seine Gesundheit beschädigt, seine Sittlichkeit im höchsten Grade gefährdet. Ich halte die Fabrikarbeit der Kinder für eine entsetzliche Grausamkeit unserer Zeit, die der Zeitgeist und der Eigennutz der Eltern an den Kindern begehen. Ich halte ihn vielfach für einen langsamen Mord am Leibe und an der Seele des Kindes. Mit dem Opfer der Freuden ihrer Jugend, mit dem Opfer ihrer Gesundheit, mit dem Opfer ihrer Sittlichkeit müssen sie den Geschäftsgewinn vermehren und oft Eltern das Brot verdienen, die ihrer eigenen Liederlichkeit wegen nicht imstande sind, den Kindern Brot zu geben. Ich freue mich daher über jedes Wort, das für die Arbeiterkinder gesprochen wird. Die Religion mit ihrer großen Liebe zu den Kindern kann die Forderung auf Verbot der Kinderarbeit nur unterstützen. Ich ermahne euch daher, geliebte Arbeiter, euch diesen Bestrebungen des Arbeiterstandes insbesondere dadurch anzuschließen, dass ihr selbst eure schulpflichtigen Kinder nie in Fabriken arbeiten lasset. (SWB I/2, 418–420)

Die fünfte *Forderung des Arbeiterstandes ist die, dass die Frauen, die Mütter nicht in den Fabriken arbeiten sollen. [...]*

Die sechste Forderung, welche vielfach von den Arbeitern gemacht ist und mit der vorigen innig zusammenhängt, ist die, dass auch die Mädchen nicht mehr in den Fabriken verwendet werden sollen. (SWB I/2, 420.423)

REFERAT VOR DER FULDAER BISCHOFS- KONFERENZ, 1869

Die Kirche muss hier helfen, denn die Soziale Frage ist mit ihrem Lehr- und Hirtenamt unzertrennlich verbunden. Oder hat nicht

1. das Lehramt der Kirche auf den Konzilien sich wiederholt mit dem Missbrauch des Kapitals beschäftigt und Wucher und Zins dogmatisch verworfen? Warum soll sich die Kirche nicht auch in der Gegenwart mit einem verwandten Gegenstand beschäftigen dürfen?

2. Die Soziale Frage berührt das depositum fidei. *Wenn es auch nicht evident sein sollte, dass das Prinzip der modernen Volkswirtschaftslehre, welches man treffend als den Krieg »aller gegen alle« charakterisierte, an sich mit dem Naturgesetz und mit den Lehren der christlichen Nächstenliebe in offenem Widerspruch stehe, so steht doch außer Zweifel, dass ein gewisser Grad der Entwicklung dieses Systems, welcher in einigen Ländern eine körperlich, geistig und moralisch* krüppelhafte, den Gnaden des Christentums gänzlich unzugängliche Fabrikbevölkerung mit innerer Notwendigkeit herangezogen hat, mit der Würde des Menschen, geschweige denn des Christen, mit der von Gott gewollten Bestimmung der Güter dieser Welt zum Unterhalt des Menschengeschlechtes, mit der von Gott gewollten Fortpflanzung und Erziehung der Menschen durch die Familie, und am meisten mit den Geboten der christlichen Nächstenliebe, welche nicht nur dem Handeln des einzelnen Menschen, sondern auch der Organisation des sozialen Lebens im Großen und Ganzen zur Richtschnur dienen müssen, allerdings in offenem Widerspruch steht und verdient, dogmatisch verworfen zu werden. [...]

3. Ferner gehört es zum Amt der Kirche, der materialistischen Auffassung gegenüber, welche den Arbeiter nicht mehr als Menschen, sondern nur als Arbeitskraft, als Maschine, als Sache in Betracht zieht und egoistisch ausbeutet, den Arbeitgebern die Lehre des hl. Paulus einzuschärfen: »Wenn aber jemand für die Seinigen und besonders für die Hausgenossen nicht Sorge trägt, der hat den Glauben verleugnet und ist ärger als ein Ungläubiger« (1 Tim 5, 8). [...]

4. Die Kirche muss hier in außerordentlicher Weise eintreten, wenn sie die von Christus übertragene Sendung zum Seelenheil der Menschen an einem großen Teile der Arbeitermassen üben will und diese aus einer der occasio proxima peccandi [der nächsten Gelegenheit zum Sündigen] analogen Lage, in der sie sich befinden oder in die sie zu geraten drohen und welche ihnen

die Erfüllung der Christenpflichten moralisch unmöglich macht, mit aller Kraft zu befreien bestrebt sein.

5. Die Kirche muss ex caritate [aus Liebe] helfen, indem solche Arbeiter sich in der äußersten Not befinden, aus der sie sich selbst nicht herauszuwinden wissen. In einem solchen Fall ist Hilfeleistung eine strenge Pflicht, welche auf der Kirche umso mehr lastet, da sie, selbst nach dem Geständnis ihrer Gegner, hier allein zu helfen vermag. Sie muss es aber tun aus der Fülle ihrer Liebesmacht, aus Barmherzigkeit. Sonst wird ihr der ungläubige Arbeiter zurufen: »Was helfen mir eure guten Lehren und eure Vertröstungen auf eine andere Welt, wenn ihr mich in dieser Welt mit Weib und Kind in Hunger und Not darben lasst. Ihr sucht nicht mein Wohl! Ihr sucht etwas anderes.«

6. Die Kirche muss durch Lösung dieser für menschliche Kräfte allzu schweren Aufgabe, durch dieses größte Liebeswerk, dessen unser Jahrhundert bedarf, sich erweisen vor der Welt als die vom Sohne Gottes selbst gegründete Heilsanstalt, da seine Jünger nach seinem eigenen Worte an den Werken der Nächstenliebe offenbar werden sollen.

7. Endlich muss sich die Kirche um die Arbeiter annehmen, weil sie sonst überall in Hände von Parteien fallen, die sich um Christentum entweder gar nicht kümmern oder dasselbe befeinden [...]. (SWB I/2, 435–438)

Welches sind die Heilmittel? – Hier könnte man vielleicht die Ansicht geltend machen, dass die Arbeiterfrage und deren Lösung noch allzu verworren und noch nicht so weit gereift sei, dass von Seiten der Kirche schon jetzt die Sache in größerem Maßstab mit der gehörigen Ruhe und Sicherheit und mit Hoffnung auf guten Erfolg praktisch ergriffen werden könnte. – Eine solche Ansicht ist aber ganz unrichtig. Die Frage ist vollkommen reif. Das Vorhandensein der geschilderten Übelstände wird von allen Parteien zugegeben. Ebenso steht fest, dass keine Macht der Welt die Fortentwicklung der modernen Volkswirtschaft, das Umsichgreifen der zentralisierten Massenproduktion zu hindern vermag; es steht ferner fest, dass damit die immer größere Ausdehnung und Verbreitung der geschilderten Arbeiterübel Hand in Hand geht, sofern nicht auf anderem Wege Rat und Hilfe geschafft wird.

Da also das ganze System nicht umzustoßen ist, so kommt es darauf an, es zu mildern, für alle einzelnen schlimmen Folgen desselben die entsprechenden Heilmittel zu suchen und auch die Arbeiter, soweit möglich, an dem, was an dem System gut ist, an dessen Segnungen Anteil nehmen zu lassen.

Wie das zu erreichen sei, steht freilich nicht fest, wenn man sich hierbei nach den prinzipiellen, großenteils unfruchtbaren Diskussionen gewisser politischer und Arbeiterparteien richten wollte; die Frage scheint aber befriedigend, in vielen Fällen vollkommen gelöst, sofern man sich auf dem praktischen Gebiete umsieht und die Erfolge betrachtet, welche wohlwollende Fabrikbesitzer und christliche Männer durch Beförderung oder Gründung von Vereinen und Anstalten zum Wohle ihrer Arbeiter erzielt haben. [...]

Von noch größerem Interesse ist »der offizielle Bericht« des Preisgerichts der Pariser Ausstellung von 1867, verfasst von dem gegenwärtigen Staatsminister Alfred Le Roux und übersetzt von Dr. Steinbeis (Stuttgart 1868) über die »Pflege der Eintracht in Fabriken und Ortschaften und die Sicherung des Wohlstandes, der Sittlichkeit und Intelligenz in den Arbeiterkreisen«.

Wir sehen daraus, dass es christlichen und edel denkenden Männern gelungen ist, die materielle Not des Arbeiterstandes zu heben, dessen physische Leiden, moralische Gebrechen zu beseitigen und Wohlstand, Bildung, Religion und Sittlichkeit, Zufriedenheit und die Segnungen eines christlichen Familienlebens unter der Fabrikbevölkerung zu verbreiten. Beständen allerorts ähnliche Anstalten, dann wäre die Arbeiterfrage im Großen und Ganzen gelöst.

Der Größe des Elends und der Menge der Bedürfnisse dieses Standes entspricht eine ebenso lange Reihe der mannigfaltigsten Vorkehrungen und Institutionen. Das Preisgericht von Paris führt dieselben in folgender systematischer Ordnung auf:

I. Anstalten zur Fürsorge gegen Not und Verarmung.

1. Hilfskassen für Erkrankungen und Verwundungen mit Beisteuer der Arbeiter oder der Werksbesitzer. [...]
2. Hospitäler. [...]
3. Hilfeleistungen für Wöchnerinnen.
4. Sorge für die Neugeborenen.

5. Teilnahme an den Lebensversicherungsanstalten.
6. Ruhegehalte.
7. Pensionen an Witwen und Waisen.
8. Leichenbestattungsvereine.
9. Bäder und Waschanstalten.
10. Konsum- und Kreditvereine.
11. Einrichtung der Werkstätten nach Gesundheits-
    regeln etc.

II. Anstalten zur Beseitigung des Lasters.
   1. Unterdrückung der Trunksucht. [...]
   2. Entfernung oder Überwachung der Schenken.
   3. Maßregeln gegen das Konkubinat. [...]
   4. Beseitigung des blauen Montags.
   5. Gute Beispiele der Werksbesitzer. [...]

III. Anstalten zur Hebung des intellektuellen und
    moralischen Zustandes der Arbeiter.
   1. Sorgfalt für Religionsunterricht und Gottes-
      dienst. [...]
   2. Errichtung von Schulen, Lehrwerkstätten,
      Bibliotheken, Lehrsälen usw. [...]

IV. Auf die Verbesserung der Lage der Arbeiter abzie-
    lende Organisation der Arbeit und der Löhnung.
   1. Arbeit in Akkord.
   2. Prämien. [...]
   3. System von Arbeitsvergebungen, durch die der
      Arbeiter gewissermaßen zur Stellung des Meisters
      aufrückt.

4. Erhöhung der Löhne mit der Dauer des Dienstes.
5. Beteiligung der Arbeiter an dem Gewinn. [...]

V. Unterstützungen, um den Arbeiter sesshaft zu machen. [...]

VI. Angewöhnung von Sparsamkeit. [...]

VII. Eintracht zwischen dem Arbeiterpersonal
1. Vermeidung der Arbeitseinstellungen. [...]
2. Fortsetzung des Betriebs bei politischen Unruhen. [...]

VIII. Permanenz guter Beziehungen.
1. Traditionelle Anhänglichkeit der Arbeiter an das sie beschäftigende Werk.
2. Persönliche Beziehungen zwischen dem Werkbesitzer und den Arbeitern. [...]

IX. Verbindung landwirtschaftlicher und industrieller Arbeiten.
1. Beschäftigung der in den Fabriken Angestellten nebst gleichzeitigem Anbau der ihnen mit den Wohnungen vermieteten oder verkauften Gärten oder eigener Grundstücke. [...]

X. Sorgfalt für die Unverdorbenheit der Mädchen.
1. Nichtverwendung der Mädchen in den Fabriken, selbst zum Nachteil der Industrie. [...]
2. Absonderung der Arbeitslokale. [...]

XI. Rücksichten auf die Pflichten der Hausfrau. [...]

1. *Die Staatsgesetzgebung zum Schutz der Arbeiter.*
2. *Verbot vorzeitiger Beschäftigung der Kinder in den Fabriken.*
3. *Beschränkung der Arbeitszeit der in den Fabriken beschäftigten Kinder im Interesse ihrer körperlichen und geistigen Ausbildung.*
4. *Trennung der Geschlechter in den Arbeitslokalen.*
5. *Schließung gesundheitsschädlicher Arbeitslokale.*
6. *Regulierung der Arbeitszeit (Stundengesetz).*
7. *Sonntagsruhe. [...] (SWB I/2, 438–447)*

Wie kann die Kirche zur immer größeren Verbreitung solcher Arbeitervereine und Anstalten tätig sein?

1. Es kann nicht der Beruf der Kirche sein, dieselben direkt und von Amts wegen selbst zu gründen und zu leiten; wohl aber kann sie dieselben durch wohlwollende Teilnahme, durch Aufmunterung und Anerkennung, durch Unterricht und geistliche Mithilfe in hohem Grad fördern.

2. Die Kirche muss das Interesse für den Arbeiterstand vornehmlich beim Klerus wecken. Vielfach interessiert sich derselbe weniger, weil er von der wirklichen Existenz und der Größe und der drohenden Gefahr der sozialen Übelstände nicht überzeugt ist, das Wesen und die Ausdehnung der Sozialen Frage nicht durchschaut und über die Hilfsmittel im Unklaren ist. Die Arbeiterfrage darf daher bei der Ausbildung des Klerus [...] nicht mehr übergangen werden. [...]

3. Bei Anstellung von Geistlichen in Fabrikorten ist

auf deren Willen und Befähigung, sich um das Wohl der Arbeiter zu kümmern, besondere Rücksicht zu nehmen.

4. Den größten Erfolg dürfte man sich wohl von dem Wirken eines Mannes versprechen, der sich zur Lebensaufgabe machte, für die Arbeiter das zu sein, was der selige Kolping für die Gesellen gewesen. [...]

5. [Es scheint] in hohem Grade wünschenswert zu sein, dass ohne weitern Verzug für jede Diözese die eine oder andere geeignete Persönlichkeit geistlichen oder weltlichen Standes bezeichnet und beauftragt werde, sich um die Arbeiterfrage zu interessieren, eine Statistik der Fabriken und der Fabrikarbeiter in der betreffenden Diözese zu entwerfen, sich über deren Lage in physischer, intellektueller, moralischer, religiöser Hinsicht sowie über die zum Wohl der Arbeiter und zur Verbesserung ihrer Zustände geschaffenen Anstalten und Einrichtungen zu informieren; dass eine Zusammenkunft dieser Diözesandeputierten entweder für einzelne Länder oder für ganz Deutschland veranlasst werde, auf der jeder über seine Diözese referiert und eine gemeinschaftliche Beratung über die Mittel und Wege zur Lösung der Arbeiterfrage gepflogen wird.

6. Namentlich müsste auch die Presse benützt werden, um das Interesse für die Lösung der Arbeiterfrage in christlichem Sinne allenthalben zu wecken. [...]

7. Ebenso würden die jährlichen Versammlungen aller katholischen Vereine Deutschlands [...] geeigneten Anlass bieten, um dasselbe Interesse in immer weiteren Kreisen anzuregen. (SWB I/2, 448–451)

Nachwort

Eine Lektüre der Schriften Wilhelm Emmanuel von Kettelers regt auch heute dazu an, sich über das eigene Handeln Rechenschaft abzulegen, und ermutigt dazu, die Botschaft Jesu Christi in Wort und Tat zu verkünden und sich nicht von gesellschaftlichen und politischen Umständen davon abhalten zu lassen.

Naturgemäß ist die hier vorgelegte Auswahl der Texte Kettelers nicht vollständig. Sie will einen ersten Einblick in sein Wirken vermitteln. Und sie ist Anstoß, die heute aktuellen Fragen, die uns als Christen bewegen, neu zu bedenken. Deshalb sind meine einleitenden Überlegungen auch weniger Kommentare zu den Texten Kettelers; vielmehr war die erneute Lektüre seiner Schriften für mich Anlass, mich auch heutigen Fragen noch einmal zu stellen.

Die Katholische Soziallehre gehört für mich zentral zur Verkündigung der Frohen Botschaft, in deren Dienst ich als Bischof in besonderer Weise stehe. Da ich diesem Feld aber nicht mehr so ungeteilt meine Aufmerksamkeit widmen kann wie in früheren Jahren als Professor der Soziallehre, bin ich dankbar für alle Unterstützung bei dieser Publikation. So danke ich der Katholischen Sozialwissenschaftlichen Zentralstelle (KSZ) in Mönchengladbach für alle Zuarbeit. Ganz besonders danke ich dem Stellvertretenden Direktor der KSZ, Dr. Arnd Küppers, für die intensive Recherche zu Leben und Werk Wilhelm Emmanuel von Kettelers, sowie für die Hilfe bei der Auswahl und Zusammenstellung der Texte. Ebenso gilt mein Dank Dipl.-Bibliothekarin Sabine Adams (KSZ) für die Mühe der Texterfassung und Umsetzung in heutige Orthographie. Meiner Theologischen Referentin Inge Broy danke ich für die redaktionelle Bearbeitung. Nicht zuletzt bin ich dem Verlag Herder und seinem Lektor Burkhard Menke für die Anregung dankbar, mich erneut mit dem Werk Bischof Kettelers zu beschäftigen.

Christ sein heißt politisch sein! Das ist kein Spezialauftrag für »Sozialbischöfe«, sondern es ist Auftrag und Berufung jedes Christen und jeder Christin. Deshalb hoffe ich sehr, mit diesem Buch den Lesern und Leserinnen einen Anreiz zu geben, vor dem Politischen nicht zurückzuweichen und die anstehenden Fragen aus dem Geist des christlichen Glaubens zu betrachten. Unser christlicher Glaube ist kein Relikt vergangener Epochen, sondern Nährboden für unser Leben hier und heute. Seien wir also mutig, den Auftrag Jesu, Salz der Erde und Licht der Welt zu sein, auch im großen Feld von Gesellschaft und Politik zu beherzigen.

Literaturhinweise

Zitierte Ketteler-Ausgabe:

Ketteler, Wilhelm E. v., Sämtliche Werke und Briefe, im Auftrag der Akademie der Wissenschaften und der Literatur, Mainz, hrsg. von Erwin Iserloh, Mainz 1977–2001. Diese wissenschaftliche Werkausgabe gliedert sich in zwei Abteilungen: Abteilung I (Schriften, Aufsätze und Reden) mit fünf Bänden, Abteilung II (Briefe und öffentliche Erklärungen) mit sechs Bänden. Alle in diesem Band wiedergegebenen Ketteler-Texte sind dieser Ausgabe entnommen. Während diese wissenschaftliche Ausgabe die Texte in ihrer ursprünglichen Orthographie dokumentiert, wurden Rechtschreibung und Zeichensetzung im vorliegenden Band den heutigen Regeln angepasst. Unter den einzelnen Textabschnitten ist die Fundstelle in der Werkausgabe in folgender Weise vermerkt: Sämtliche Werke und Briefe, Abteilung/Band, Seite (z. B. SWB I/2, 437).

Ausgewählte Literatur

Birke, Adolf M., Bischof Ketteler und der deutsche Liberalismus. Eine Untersuchung über das Verhältnis des liberalen Katholizismus zum bürgerlichen Liberalismus in der Reichsgründungszeit, Mainz 1971.

Birke, Adolf M., Wilhelm Emmanuel von Ketteler. Ein großer Bischof von Mainz, in: Hehl, Ulrich von/Kronenberg, Friedrich (Hrsg.), Zeitzeichen. 150 Jahre Deutsche Katholikentage 1848–1998, Paderborn u. a. 1999, 141–152.

Brauer, Theodor, Ketteler. Der Deutsche Bischof und Sozialreformer, Hamburg u. a. 1929.

Brehmer, Karl, Wilhelm Emmanuel von Ketteler (1811–1877). Arbeiterbischof und Sozialethiker. Auf den Spuren einer zeitlosen Modernität, Regensburg 2009.

Fastenrath, Elmar, Bischof Ketteler und die Kirche. Eine Studie zum Kirchenverständnis des politisch-sozialen Katholizismus, Essen 1971.

Ganzer, Klaus, Bischof Wilhelm Emmanuel Freiherr von Ketteler. Zum Abschluß der Werk- und Briefedition, Stuttgart 2002.

Höffner, Joseph, Wilhelm Emmanuel von Ketteler und die katholische Sozialbewegung im 19. Jahrhundert, Wiesbaden 1962.

Höffner, Joseph, Bischof Kettelers Erbe verpflichtet. Eröffnungsreferat bei der Herbst-Vollversammlung der Deutschen Bischofskonferenz 1977 in Fulda, Bonn 1977.

Iserloh, Erwin, Die soziale Aktivität der Katholiken im Übergang von caritativer Fürsorge zu Sozialreform und Sozialpolitik, dargestellt an den Schriften Wilhelm Emmanuel von Kettelers, Wiesbaden 1975.

Iserloh, Erwin, Wilhelm Emmanuel von Ketteler und die Freiheit der Kirche und in der Kirche, Wiesbaden 1978.

Iserloh, Erwin, Wilhelm Emmanuel von Ketteler – sein Kampf für Freiheit und soziale Gerechtigkeit, Stuttgart 1987.

Iserloh, Erwin, Wilhelm Emmanuel von Ketteler 1811–1877, Paderborn u. a. 1990.

Iserloh, Erwin / Stoll, Christoph, Bischof Ketteler in seinen Schriften, Mainz 1977.

Kranz, Gisbert, Bischof Ketteler. Ein Lebensbild, Augsburg 1961.

Mockenhaupt, Hubert, Das Erbe des Arbeiterbischofs Wilhelm Emmanuel von Ketteler, Leutesdorf 1977.

Nothelle-Wildfeuer, Ursula, Wilhelm Emmanuel von Ketteler (1811–1877), in: Heidenreich, Bernd (Hrsg.), Politische Theorien des 19. Jahrhunderts. Bd. 3. Antworten auf die soziale Frage, Wiesbaden 2000, 275–294.

Petersen, Karsten, »Ich höre den Ruf nach Freiheit«. Wilhelm Emmanuel von Ketteler und die Freiheitsforderungen seiner Zeit. Eine Studie zum Verhältnis von konservativem Katholizismus und Moderne, Paderborn u. a. 2005.

Pfülf, Otto, Bischof von Ketteler (1811–1877). Eine geschichtliche Darstellung, 3 Bde., Mainz 1899.

Roos, Lothar, Kirche, Politik, soziale Frage. Das verpflichtende Erbe Bischof Kettelers, Köln 1977.

Roos, Lothar, Wilhelm Emmanuel Frhr. von Ketteler (1811–1877), in: Aretz, Jürgen u. a. (Hrsg.), Zeitgeschichte in Lebensbildern, Bd. 4, Mainz 1980, 22–36.

Stoll, Christoph, Mächtig in Wort und Werk. Bischof Wilhelm Emmanuel von Ketteler, Mainz 1997.

Texte zur katholischen Soziallehre. Die sozialen Rundschreiben der Päpste und andere kirchliche Dokumente. Hg. v. Bundesverband der KAB, Katholische Arbeitnehmerbewegung Deutschlands e.V., Köln/Kevelaer 9. Aufl. 2007.

Thomanek, Hans Karl, Wilhelm Emmanuel von Ketteler Produktivassoziation, Berlin 1961.

Vigener, Fritz, Ketteler. Ein deutsches Bischofsleben des 19. Jahrhunderts, München/Berlin 1924.